Wörtlich betäubt

Schwäbische Verlautbarungen

Johann Martin Enderle

Wörtlich betäubt

Schwäbische Verlautbarungen

Erweiterte Neuausgabe

J. M. E. Selber Verlag

Für Zoe und Lorenz

Die Deutsche Bibliothek – CIP-Einheitsaufnahme

Adrion, Dieter
Wörtlich betäubt : Schwäbische Verlautbarungen /
Johann Martin Enderle.– Bietigheim : Selber, 1997
ISBN 3-9802098-3-0
Vw: Enderle, Johann Martin [Pseud.] ⇒ Adrion, Dieter

Erweiterte Neuausgabe 2000
2. Auflage 2002
Mergenthalerstraße 4, 74321 Bietigheim

Satz: Jörg Adrion
Druck und Bindearbeit: Friedrich Pustet, Regensburg
Printed in Germany

Inhalt

Wörtlich betäubt

Verlautbarungen zur schwäbischen Mundart und Rhetorik

Vorwort

Bei den gelegentlichen Textproduktionen für die Kleinkunstprogramme eines Mundarttheaters haben sich im Laufe einiger Jahre so viel »schwäbische Verlautbarungen« angesammelt, dass der Autor und seine Verlegerin jetzt mit diesem Bändchen herauskommen können. Es präsentiert Schwäbisches in Versen, das ursprünglich für die szenische Lesung oder das darstellende Kurzspiel gedacht war, mit dieser Herausgabe aber auch dem Leser – und Vorleser – zugänglich werden soll.

Die Mundartfärbung der Stücke entspricht im Großen und Ganzen dem Mittelschwäbisch der engeren Stuttgarter Region. Es gibt aber figurentypische Eigenheiten, so zum Beispiel öfter die Honoratiorenvariante, die durch – mitunter verkrampfte – Klimmzüge zum Schriftdeutschen hin gekennzeichnet ist. Einige Besonderheiten sind durchweg als Lesehilfen gemeint:

– die gewählte Umschrift des Dialekts will einerseits schwäbische Lautung so genau wie möglich abbilden und sich zum anderen so wenig wie möglich von der schriftdeutschen Wortgestalt entfernen, um dem Leser das Wort-Erkennen nicht zu erschweren;

– mit dem »Angström« bei Å und å wird auch hier ein Sonderzeichen verwendet, das einem schwäbischen Urlaut (z.B. bei Stråßabåh) am ehesten gerecht wird, weil er weder mit a noch mit o zulänglich wiedergegeben ist;

– die »Bhulf« in Form einer kleinen Wörterliste am Ende des Buchs möchte die Bedeutung einiger Ausdrücke des »gehobenen Schwäbisch« aufklären, falls sie dem Reigschmeckten, dem Wahlschwaben oder dem Entwöhnten aufs Erste rätselhaft erscheinen.
Sprach- und Kulturwissenschaftler bescheinigen der Mundart »eine gesicherte Zukunft« und erklären unter der Überschrift »Mondänes Schwäbeln« das Dialektsprechen und -verstehen zu einer wichtigen Qualität bei Führungskräften (*Sonntag aktuell* 1/97, S. 13). Das kann nur darin bestärken, dieses Bändchen schleunigst als vergnügliche Quelle für einschlägige Fortbildung unter die Leute zu bringen.

Die vorliegende Neuauflage gibt Gelegenheit, alles zusätzlich mit aufzunehmen, was sich seit der Erstausgabe an neuen Stücken angesammelt hat, und die Texte nach Hauptrubriken zu sortieren.

Bietigheim, im Januar 2000 J. M. E.

Schwäbische Kulinaria

Verlautbarungen zum heimischen Köchel-Verzeichnis

Schwäbischer Dank

Dein Feschtmahl macht uns Hochgefühl,
Onsereim wars ja fast zviel
Und beinåh scho a Völlerei –
Des wär doch net nötig, aber mir waret so frei!

Dei *Riebelessupp!* Von me selbergwürgta Teigle,
En re Fleischbrüh voller Äugle.
Ach, machsch dr du a Kocherei –
Des wär doch net nötig, aber mir waret so frei!

Ond *gfüllte Flädla!* Ach, bis de dia bloß nårebachsch.
Noe, was dr du für Omständ machsch
Mit so re Flädles-Brutzlerei –
Des wär doch net nötig, aber mir waret so frei!

A *eigmachts Kalbfleisch!* Mr zwengets jå schier net.
Du håsch ja drei Tag Ärbet en dr Küche ghet
Für so a Weihnachts-Esserei –
Des wär doch net nötig, aber mir waret so frei!

Handgmachte Spätzla! Ja, heut hörts nemme uff,
Au no mit schöne Brösela druff.
Denk e bloß an die Schaberei –
Des wär doch net nötig, aber mir waret so frei!

En *Pfitzauf!* So wie er sei muaß: heiß ond luck.
Damit duasch ons au koen Duck.
Zum Schluss au no die Schleckerei –
Des wär doch net nötig, aber mir waret so frei!

Mundelsheimer Käsberg! Ein herrlicher Wei!
Schad! Meh als sechs Viertela breng e net nei.
Am hella Chrischttag die Sauferei –
Des wär doch net nötig, aber mir waret so frei!

Jetzt sollte mr geha, s war richtig nett.
Ach, hasch mit ons wieder Gschäft ond Köschta ghet.
Nötig wars net, aber mir send halt so frei
Ond gucket an Oschtera wieder vorbei.

Bruddlereien vom Tante Klärle

Unter Linsen ganz am Rand
Sich heut ein Saitenwürstle fand.
Ein Vorschlag nun vom Tante Klärle:
Wie wärs denn s nächstmål mit me Pärle?

Frische Waffeln sind zu preisen,
Kommen sie grad aus dem Eisen.
Lässt man stehn geraume Zeit,
Sind sie so lommelich wie heut!

Die Köchin gleich erfahren solls:
Ihre Suppe war heut stolz.
Die guckt in ihrem Größenwahn
Ein' mit keinem Auge an.

Wenn man an jedem Eile spart,
Gibts Spätzla von der bleichen Art.
Zigmal scho frag ich dich dasselbe:
Wann gibts denn endlich amål gelbe?

Ich reiß heut wieder auf die Klapp:
Das Püree war ein rechter Bapp.
Dafür war aber s Haschee fade.
So kommt halt eins zum andere – schade!

Ich sags gradraus und ohne Scheu,
Bei deim Backwerk bleibsch dir treu:
So speckig wie dein Gugelhopf
Gelingt dir au der Hefezopf!

Ich bin kei heurigs Häslein meh',
Denkt auch an meine dritte Zäh'!
Die haben mir heut arg geknarrt,
Weil d Sprengerla send bockelhart!

Ein Ei wär – so es wachsweich isch –
Der Glanzpunkt auf dem Frühstückstisch.
Deins könnt als solcher sich erweisen
An Oschtera beim Eierschmeißen!

Ich bin grad immer noch am Suchen
Nach Träuble in deim Träubleskuchen.
Vielleicht hält sich noch eins verborgen?
Sollt ich's finden, meld ich's morgen!

Bis auf der Kanne Boden guck
Ich unschwer durch dein Muckefuck.
Falls mir's heut Nacht am Schlaf gebricht –
An deinem Kaffee liegt es nicht!

Aus dem schwäbischen Spruch-Buch: Die Supp

Liebe Zuheerer,

Frag ich nach den feschten Seilen,
Wo die Schwabenkiche tragen,
Muss ich bei der Supp verweilen
Und mei Umgebung streng befragen,
Ob sich denn in ihr erweise,
Dass des Schwaben legendäre
Hochgelobte Lieblingsspeise
Tatsächlich sie, die Suppe, wäre.

Und sieh: bei diesem Studium
Erfillt sich lickenlos die These
Sie steht wahrhaftig ringsherum
Ieberall als feschte Greeße,
Sozusagen als ein Zwang
Im Schwabenmeni vorne oben
Als strahlender Ereffnungsgang.
Ein Essen ischt bloß dann zu loben,
Wenn *sie* in Teller und Terrine
Beim Sonntags-, Hochzeits-, Teife-Essen,
Grad wie em Gschäft in der Kantine
Im Speiseplan ischt nicht vergessen.

Wie man das Mahl auch weiterfiehre
Und wie es sich am End entpuppe,
Fescht steht bei uns als Ouvertiere,
Quasi als Pflichtteil eine Suppe.
Ach, wie wir wackeren Sueben
An diesem Hang zu leiden haben,
Weil das Ausland schimpft uns eben
Demzufolge »Suppenschwaben«.
Lassen wirs uns nicht verdrießen
Wegen solchen beesen Teenen,
Doch die Badenser sollens bießen,
Wenn sie uns so frech verhehnen.

Suppen mit Nudeln, Riebelein, Flädle,
Kleeßchen und Kartoffelrädle
Sind als Klassiker zu nennen,
Die wir natierlich alle kennen.
Doch gibts drieber hinaus firwahr
Ein ungeheires Repertoar,
Ein weiß Gott eißerscht hochkalibrigs –
Weil man hat ja täglich Iebrigs.

Der Schwäbin ischt ein Speiserescht
Nicht so wie anderen ein Graus.
Nein, sie hat an ihm ein Fescht,
Weil bei uns schmeißt man nix naus.
Ein Schepfer Gmies, vom Fleisch ein Brocken
Fliegt anderswo hinaus im Schwupp.

Hier heerscht die Hausfrau du frohlocken:
»Des gibt morga no a Supp!«
Ebbes Linsen, Haschee, Bohnen,
Erbsenbrei oder Spinat
Inspiriert zu Kreationen
Und zur schepferischen Tat.
Die Supp erfreit sich unserer Gunscht,
Und es läuft nicht mal ins Geld. –
Wahrer schwäbischer Kichenkunscht
Ereffnet sie ein weites Feld.

Ein Priefstein sei noch aufgefiehrt,
Nach dem der Supp in Schwaben-Sicht
Mit Recht ein Ährenplatz gebiehrt:
Neemlich die Hausfrau zittert nicht,
Falls er sie trifft, der arge Fluch,
Ohne Supp wär er vom Iebel –
Ich sprech von unverhofftem Bsuch.

Dank der Supp ischt sie flexibel
Ond vermeidet es durch Strecken
Ohne sich lang zu besinnen
Mengenmäßig anzuecken,
Weil durch Verlengern und Verdinnen
Ischt sie – mehr als bei jedem andren Schmaus –
Wo sie sich firchten muss und bangt,
Bei der Suppe fein heraus,
Denn sie kanns deichseln, dass es langt.

Sie weiß: Wenn ich sie etwas wässer
Plus Maggi als Geschmacksverstärker
Reicht sie auch noch für Zusatz-Esser.
Eine Supp macht da kein Ärger.

Die ischt da ohne Konkurrenz –
Das ischt daran so raffiniert –
Ischt doch die rechte Konsischtenz
Nirgends giltig definiert.
Freilich steeßt man beim Supp-Ergenzen
Irgendwo einmal an Grenzen.
Wird sie einem aufgetischt
Und bloß noch dinne Briehe ischt,
Weder fett- noch bröckelhaltig,
Dann entteischt sie uns gewaltig.
Wässern ond Wirzen nitzt dann nix,
Weil der Schwabe mecht auch Dicks!

Wie sonscht mach ich am Schluss den Satz
Zum schwäbischen Sprach- und Spruchbuch-Schatz
Und fiehr eich vor als ganze Gruppe
Die schenschten Sprich zum Stichwort »Suppe«.

Nach dem Geheerten wunderts nicht,
Wenn eine Auswahl akkurat
Zunächst von ihrer Dicke spricht,
Also von ihrem Stärkegrad:

»Vor era dicka Supp isch no nia a Knecht drvogloffa.«
»Des mehret sich wia Bettelmås Supp – en dia håts neigregnet.«
»Wenn d Supp scho en Fehler han muaß, nå liaber z'dick als z'denn.«

Die Spruchweisheit belährt uns weiter:
Suppenesser sind gescheiter!
»Iss no Supp, dass d gscheit wirsch!«
»Suppa fressa macht gscheite Leut.«
»A gscheite Supp håt no koem Domma gschadet.«

Dass er kein glicklichs Hendchen habe,
Wie man ja weiß, der Unglücksrabe:
»Oener muaß halt älle ogsalzene ond ogschmalzene Suppa ausfressa.«

Dass ein Schwab als Gascht bei Feschten
Auch schon bedenkt die Folgeköschten:
»s isch koe Supp teurer als die, wo mr omsonscht isst.«

Dass was dran ischt am Verdacht,
Sprich Wohlstand iebermietig macht:
»Wo Geld gnuag isch, tuat mr em Hond Pfeffer an d Supp.«

Dass er besteht: Zusammenhang
Von Appetit und Liebesdrang.
»Wenn mr d Köche net måg, schmeckt die bescht Supp net!«

Dass seine Ausfliege den schieren
Stubenhocker nicht weit fiehren:
»Der isch sei Lebtag net weiter komma als von dr Brot-schublad bis zur Suppaschüssel.«

Dass das Verhältnis ischt subtil,
Das neemlich zwischen *gut* und *viel*:
»Des isch arg, dass Gott erbarm – sieba Suppa ond koene warm.«

Dass die Braut scheints – oh verzeih,
Sehr zeitig guter Hoffnung sei:
»Dia håt ihr Hochzichssupp au net omsonscht ågricht.«

Wie man sich gegen einen wehrt,
Wo eine Binsenweisheit lehrt:
»Jå, siebzeha Pfond Rendfloesch gebet a guate Supp.«

Dass einem nach langem Ehestand
Sein Gspons ist durch und durch bekannt:
»I han dreißig Jåhr Supp mit em gessa!«

Dass einer stets s Verkehrte macht,
Wird so als Botschaft überbracht:
»Dr sell, der macht no a Deichsel an d Suppaschüssel nå.«

Und am Ende gar nicht bang:
»Wer lang Supp isst, lebt au lang!«

Dr Mama ihr Kartoffelsalat

Nicht Ochsenschwänz und Schweinerüssel
Sind mir das Höchste in der Schüssel:
Ich träum von morgens früh bis spat
Von meiner Mama ihrm Kartoffelsalat!

Ich hab ihn hier und dort probiert,
Man hat ihn warm und kalt serviert,
Doch nirgends war er akkurat
Wie meiner Mama ihr Kartoffelsalat!

Bei de meischte kriegsch en Stampf,
Den ich mit Abscheu nontermampf.
Koener, wo schlonzig isch em rechta Grad,
So, wie dr Mama ihr Kartoffelsalat!

Mål war r z'trocka ond mål schwemmt r en dr Brüh,
Bloß so, wies recht isch, war er nie,
Oemal z'sauer, oemal z'fad:
Nia so, wie meiner Mama ihr Kartoffelsalat!

Schwer schlägt mirs auf mei Schwåbagmüt,
Wenn mr net jedes Rädle sieht.
Es isch für jede Krombir schad,
Außer se landet en dr Mama ihrm Kartoffelsalat!

Mit Bräuten von verschiednen Sorten
Ischt es leider nix geworden,
Weil ichs zu Kund und Wissen tat:
Ich ess bloß meiner Mama ihrn Kartoffelsalat!

Drom bleib ich ledig und verzicht
Auf meiner Mama ihre Kochkunscht nicht.
Nicht bloß dr Ehstand isch a Gnad,
Nein, au dr Mama ihr Kartoffelsalat!

Ode an die Maultasch

Mit der angemessenen Feierlichkeit zum Vortrag zu bringen.

Oh Maultasch, Erhabene du, sei rundheraus besungen
Als unsres Speisezettels hochgelobte Zierde!
Bei deinem Namen schnalzen Schwabenzungen,
Leicht sind vier, fünf von deiner Art verschlungen –
Du weckst sie: hemmungslose, stammeseigene Begierde.

Du machst, dass sich der biedere Schwabe,
Entzückt vor Lust wie weiland der Schlaraffe,
Grad wie entfesselt kulinarisch labe
An dir, du hehre Himmelsgabe,
Der Schwabenküche unschlagbare Mehrzweckwaffe.

Gar häufig bist du uns – Ultima Ratio der Hausfrau, du –
beschieden,
Und dennoch dürfen wir getrost auf Kurzweil hoffen,
Denn du erzwingst nicht Braten oder Sieden,
Nein, dein Erscheinungsbild ist völlig unentschieden –
Du lässt der Köchin, gottlob, mannigfache Wege offen.

Im Kochwasser sah man dich grad: totenbleich und arg
verknüllt,
Doch dann entzückst uns, Wunderbare du, schon bald geröstet –
Bräunlich gekrustet oder Ei-verhüllt.

Ach, und hundert Arten gibt's, wie man dich füllt!
Ja, deine Vielfalt ist es, die uns tröstet.

Nichts lassen wir auf deinen guten Leumund kommen,
Geschmälzte du, in Zwiebelsoß serviert!
Begegne uns divers! Komm in der Fleischbrüh ange-
schwommen,
Genauso magst gebacken unter Käse du uns frommen,
Und wenn man Rostbraten extravagant mit dir garniert.

Im Alltag bist du wie bei hohen Festen
Der Tafelrunde stets willkommnes Mahl.
Weil man dank dir – der Sippschaft gradso wie illustren Gästen
Noch imponiert mit alten Wecken und mit Bratenresten
Erfüllst du zudem Schwabens Spargesetze ideal!

Wenn am Karfreitag wir als fromme Schwaben
Strikt meiden Fleisch und Wurst und Speck,
Dann – denn leicht lässt sich Gehacktes und auch Brät in dir
vergraben –
Erweist sich vollends, was wir an dir haben,
Hilfst du uns Büßern doch als Mogelpackung drüber weg.

Maultasch! Du unsres Kochbuchs goldenes Kapitel,
Was der Mensch braucht, es ist in dir vereint,
Bist uns – im Wortsinn – universales »Lebens-Mittel«,
Und dir gebührt der schönste aller Ehrentitel:
»Leibspeis«, der unter Schwaben allerhöchstes Loblied meint.

Tagesessen im »Adler«

PAULA
Entschuldiget Se, därf mr no her? Langts no zwoe Plätzla?
Mir send jå älle schlank.
Wilhelm, komm rom, mir leget d Kloeder då uff d Bank.
D Gardrob hangt jå so voll – oms Nomgucka könnt oener
dr falsch Mantel ronterzieha.
Sicher isch sicher – heut woeß mir jå nia!
Guck dr des å: Då woesch net, was des heut isch:
Scho fascht halb zwoe ond koe gotziger freier Tisch.
Onder dr Woch! Då frågt mr sich, wer überhaupt no ebbes
tuat.
Mir isch jå gleich – aber de Leut gåhts z'guat.

Hent Se scho gessa? Ach so, au erscht bschtellt ...
Au s Tagesessa om neifuffzich? I sag emmer: desch koe Geld.
Häfa verschmiera? Drhoemda? Narr, mr wär jå domm!
Noe, då sag e: Wilhelm, ziag de å – heut ganga mr en
»Adler«, komm!
Gell, Wilhelm?! – Du bibbersch jå, bisch doch bloß über
d Stråß.
Nemm halt dei Sacktuach, du håsch a Tröpfle an dr Nås!
Heut morga zwölf Grad Kälte ond seit Weihnachta den
Schnee,
Ond då saget d Leut, s gäb koene Wenter meh!

Mr wöllet jå net jomera, mr hents drfür net nass.
Freilein, brenget Se d Kart ond zwoe Viertela vom Fass!
Wilhelm, lies du, i han mei Brill vergessa.
Guck, då am Nebatisch: Jetzt brengt se dene s Essa.

Hei! En ganza Karra voll: Mordsknödel, Spätzlesplatta, lass me
råta:
Nåch ällem, was e sieh – i sag mål: Saurer Bråta.
Vier Scheiba Floesch – ond a Krombirasalätle:
Schö schlonzig, koe so a Mansch – då siehsch a jedes Rädle.

Was gibts als Tagesessa? Leber! Noe, Leber liaber net.
A Metzelsupp? Du könntsch se nemma – mir ischs z'fett.
A Schnitzel? Narr, des hemmer doch drhoem für morga.
Guat, dass des sechsch: I muaß no a Paniermehl bsorga.

Siehsch, då kommt scho onser Wei. Ja, des gåht ruckzuck.
Bevor de weiterliesch nemma mr gschwend en Schluck.
Prosit! Au, isch der kalt, der fährt oem jå en d Zäh.
Wilhelm, woesch was, i glaub mir nemmet Reh.
Z'aushausig am Wertich? Om neizehaachtzig kåsch nix saga!
Ond zerscht a Flädlessupp – des gibt en guata Maga.

Des herzich Buale da drüba, wia der mampft, der kloene Dergel.
Wia willsch dei Reh? Mit Spätzla oder liaber mit so Wärgel?
Wia hoeßet se: Koketta? – Oder Kroketta, isch jå wurscht.
A Bier wär vielleicht gscheiter gwä. Schneeluft macht halt Durscht.
Freilein! Mr hents: zwoemål Reh!

Jå mit Spätzla ond a paar – sag mrs Wilhelm – Kroketta, des wär schee.
Ah, jetzt kommt Ihrs! En Guata; schee siehts aus!
Wenn Se des zwenget, ganget Se au net nüachtern naus.
Des Kraut! Guck Wilhelm, so gschlacht muaß sei, ja freilich.
Ond net so strabelich wia en dem Besa neulich!
Ond Roschtbråta wia a Dachplatt! Des lass e mr gfalla.
Då könnet Se Ihrn Gürtel drei Löchla weiter schnalla.

Håsch au gseha, an dem hentra Tisch – guck mål nieber.
Dia håt dr vielleicht Klonker ond Fengerreng – sotte Kaliber.
Kohlschwaarze Auga, ond ehm standet d Håår vor Fett.
Wahrscheinlich Zigeiner – also Deutsche send des net!

WILHELM
Ens Wirthaus, am helle Mötich ond s gröscht Essa bschtellt.
Wia d Fürschta lebet dia – ond des von onserem Geld!
Net, dass i generell ebbes gega Ausländer hätt.
Aber des send Auswüchs, so gåhts net …
Sia, då woeß e en Witz: Ema Wohnheim wohnet siebzeha Leit …

PAULA
Wilhelm, tua stät, des langt für heut!
Muasch net mit deine Witz dia Herrschafta beim Essa störa.
Merksch net, dia wöllet so Sach gar net höra …
Zwoemal Reh! Ja, dåher! Wilhelm, 's bricht aus! Jetzt sei halt still ond iss!
So, jetzt fang å! Gell, ond pasch mr uff mit deim Gebiss!

Nufell Kusine im »Grünen Baum«

Mein lieber Spezel Göltenbott,

Du schreibsch, dass ich mål schreiben sott,
Was ich hiermit heute tu.
Ich komm jetzt ehnder mål drzu,
Weil jetzt ben ich Pensionär
Ond s fällt mir zeitlich gseha net schwer,
Dass ich persönlich zu Problemen,
Wo mich grad in Ånspruch nehmen,
Zu große Fragen ond zu kloene
Dir sage, was ich selber moene.

Jetzt heut trifft sich es bsonders gschickt,
Indem mich ebbes stark bedrückt,
Was hier em Flecka ischt passiert
Und wo Dich ganz gwiß intressiert.
Sooft du da warscht, sind mir jå,
Zom Veschpren nirgends anders nå,
Als en onsern »Grünen Baum« –
Ich muß dir sagen: Aus der Traum!
Mr håt des Wirtschäftle über Nacht
Zu einem Nobelschuppen gmacht,
Zu so eim Drei-Sterne-Tempel,
Wo mr sich vorkommt wie ein Sempel.

Ein Chefkoch macht mit flotter Biene
Im »Grünen Baum« Nufell Kusine!
Sie hen ihn jå vom Emil Gasser
Pachtet om ein Nåsenwasser
Scho seit Februar oder März,
Weil der kås nicht mehr – wegem Herz.
Was dia dort jetzet zelebrieren
Zom Abfüttren von hochen Tieren,
Das Menü so om hondert Mark,
Lieber Hermann, das ischt arg.
Bloß Leut von auswärts mit so riesigen
Daimler, aber koenen Hiesigen
Siehsch noch em »Grünen Baum« einkehren.
Die Wirtsleut scheint des net zu steeren.

Vielleicht hen die sich net amål gfrågt
Ond 's hat sie weiter au net plågt,
Warom Hofmanns Ernscht, der Erwin Knie,
Dr Auguscht Scherrieble ond i
Bloß no oemål ond nå nemmer
Zom Gaiglen en ihrm Nebenzemmer
Dienschtags ab achte kommen send:
Då sen doch glei drei Ober grennt
Ond hen gmoent, das ginge nicht,
Dass i dr Tisch zom Kartla richt.
I han jå bloß den Haufa Bschteck
Ond d Serviett ond 's Tischtuach weg,

Weil då isch ja dr Schwabe stolz:
Er gaigelt uffm blanken Holz.
Des isch seit jeher Ehrensach,
Ond so kam es zom erschten Krach.

Mir packet d Karta aus ond mischlen
Dia Ober stehn em Eck ond zischlen.
Bevor no s erschtmål geben isch,
Ståht prompt dr erscht bei ons am Tisch:
»Ich komme, die Herrn aufzufordern,
Zuvörderst ihr Getränk zu ordern!«

Ich sag: wie sonscht, a Krügle Wei vom Fass,
Nå ziagt der Lackaff a Grimass,
Schnappt nåch Luft ond schnauft so schwer,
Als wär dr Teufel henterm her.
Då müssten mir fei scho verzeihen,
Ob mir net wüssten, wo mir seien.
Der japst ond macht vielleicht a Fratze:
»Wir sind das erste Haus am Platze!«
's war eh scho klar, dass nemme des isch,
Nå kommt der au no mit Französisch:
Sie häben bloß grå Vä – großen Wein.
'
s isch recht, sag i, nå trenka mr kein
Ond gaiglet heut ohne Gedudel,
Brenget Se mål vier Fläschla Sprudel!
Jetzt gschwillt dem uff dr Stirn sei Åder,
Knurrt zu seim Stift: »Vier table water!«

Zu ons – es will ehn fascht verreißen –
»Was wünschen denn die Herrn zu speisen?«
Dr Auguscht moent: »Vorläufig net.«
Dr Ernscht secht: »I han grad was ghet.«

Nå hättsch den Fatzke sehen sollen,
Wo i no vierzig meld en Bollen
Ond hentendrei mei Schippen-Sau
Em Erwin uff sein Zehner hau!
Natierlich håts ein bissle gscheppert,
Am Nebatisch hend d Gläsla kleppert.
Der Stich war schließlich au nix Kloes –
I war hårscharf bei hondertoes!
Scho kommt der zwoete Pikkolo,
Rät dringend, dass man anderswo
Die Partie doch weiterführe,
Weils andre Gäste sehr geniere.

Lieber Hermann,

Jetzt kommt der Ånlass meiner Klagen
Eigentlich erscht recht zum Tragen
Ond heraus, om was es gåht:
Nämlich, was auf dr Speiskart ståht
En so eim Schlemmer-Restaurå,
Pass uff, es fangt erscht richtig å:
Dass der uffhört mit seim Bruddla,
Denk ich, bschtellsch mål Saure Kuttla.

Frågt der Geck, von obaher,
Doch tatsächlich, was des wär!
Hausmannskoscht gäb es hier net.
Gebeizten Lachs em Kressebett
Gäb es heut als Platt dü Schur.
Dr Ernscht secht, des sei net sei Tour,
Er ess hier sonscht gern Gfüllte Flädla,
Dronternei au Saure Rädla
Oder Maultascha en dr Brüha –
Der Chefkoch sei wohl nicht von hia.

Blåst sich der Stutzer uff ond wia:
Die Herrschaften wollen sich bequemen
Tunlichst der Karte zu entnehmen,

Dass der Patron und die Brigade
Schwäbisch-Vulgäres nachgerade
In ihrem Repertoire vermeiden!
Drauf i: »Schwäbisch-vulgär, des kå-n-e leiden!
Ond a ›Brigade‹ håt der Herr?
Der kommt wohl aus dr DDR?«
Ond wos überhaupt a Speiskart gäb,
Weil es wär guat, wenn mr sie häb.
»Wir gaben Karten an Sie aus«,
Secht r, ond klaubt se aus dem Tischtuach raus,
Des war no, weisch jå, siehe oben,
Wegem Gaiglen leicht verschoben.

Ich guck also, ob ich am End
Doch no was zom Veschpren fend,
Klapp uff ond glaub, mich dappt ein Gaul
Und krieag es nicht mehr zua, das Maul,
Au meine andere sen baff,
Was en onserm kloena Kaff
Em Dorfwirtschäftle »Grüner Baum«
Gebotten isch, du glaubsch es kaum!

Ond was des koschtet – ich verschweigs!
Aber was für gschwollas Zeugs
Då kredenzt wird, musch erfahren,
Ich kås dir, Hermann, nicht versparen.
Deine Leibspeisen von einscht
Send älle weg – nicht dass du meinscht!

Statt deim geliebten Grauchta Bauch:
Muschelspieß im Safranhauch.
Statt Kinnbäckle mit Sauerkraut:
Wolfsbarsch pochiert, in Kräuterhaut.
's gibt au koe Gfüllte Kalbsbruscht meh:
Krebsschwänz in Estragongelee;
Auch brengt dich nemme aus em Häuschen
Dei Riebelessupp; nein: Austerncreme mit
        Kerbelsträußchen
Gibt es heut em »Grünen Baum«,
Fasanaklöß an Trüffelschaum.

Hermann, drfür streicht mr aber
Tellersulz ond Eierhaber.
Lensa ond Spätzla kriagsch du net,
Aber Stopfleber mit Finaigrett.

Für Saure Niern mit Röstkartoffel
Ben ich no åbends en Pantoffel
Ällamål zom Emil nüber.
Auch dieses, Hermann, ischt vorüber.
Dafür bietet Chefkoch Gayer
Kaviar an Wachteleier,
Piccata von der Kälbernuß
Mit Trüffel-Mascarpone-Jus,
En Haufa anders teuers Gfräß,
Aber er håt koen Leberkäs.

So, ich glaub, das müsste langen:
En »Grünen Baum« kåsch nemme gangen.
Soviel Gschieß ond Schüsselaweng,
Des war no gar nia onser Deng!
Außerdem kåschs net verzahla,
Was se dr dort für so a schmala
Portio verlanget, für des bissle,
Net größer als ein Muckenschissle.

Narr, kei Mark tät sich då lohna.
Von jetzt ab ganga mr en d »Krona«,
Wenn d' kommsch, an Oschtera oder so
– des hoeßt oemål gang e no:
Die Volksbank håt mich onterdessa
Eiglada zom Jåhresessa.
Des isch jå scho traditionell
Em »Grüne Baum«, du woesch es, gell?
Då prief ich dem Patron sei Konscht –
Weil då ischt es omeinsonscht.

Wenns heut auch nix Erfreulichs war,
Du weischt, ich ben dir immerdar
Ein Freind em hentra Stromberg-Eck,

Dein treuer Eugen Kleinbeck.

Die Biomahlzeit-S-Bahnvesperfrau

Im Stile einer Parodie Hanns von Gumppenbergs

Mit meim Vierzwanzich-S-Båhfavoriteparkbillettle
Fahr i ens Zwischenwaldundrebenstutengartenstädtle,
Ond loen me gähnegrunzeliegewagakeck
En mei Fenschternickerlesruhekuscheleck,
Nå sieh ne durchs Blenzeleischlåfaugawemperaschlitzle,
s hockt uff des rechtsdrnebafatzaleeresitzle
Sich so a Lederrucksackbirkenstockfigur –
Halt so a Selbschterfahrongsemanzaflachsnatur.

Guckt doch des Leinafaserschåfwollnesselvogelscheuchle
Mir uff mei Viertelessößlesspätzleskugelbäuchle
Mit ema Müslivollwertvegetarierökotadelblick,
Als wär i ranzagschwollaplatzewambadick.
Macht doch die Kräuterhaferkeimbuachweizagrünkernhex
Mir faschtgar Maultaschaflädlessuppakesselfloeschkomplex.

Ja, guck no, du Lattaklapperbohnastangagschtelle
Lies no dei Rohkoschtheilfaschtamagersuchttabelle
Ond blätter em Demeternaturgetreideleinsamasesambüachle,
Nag an deim Diätgsälzbrennnesselsauerampferhongertüachle,
Bloß laß mir zuffahausaschtuagertrotebühlplatzzua
Mei saubre Feieråbendvormenådosruaselruah!

Was gruschtelt se jetzt en ihrm Reformhausjutestöfflessäckle,
Holt bei Kornwestheim aus me Packpapierrecycelveschper-
päckle
Mit ema Mordsgeraschelknischterknaschterausgewickel
Nix als en Schwarzbrotvollkornscheibapumpernickel
Ond nå mit Greifgrubelstochergrapschbetrieb
A Riesaronkelronzelkrommegschabtegelberüb
Aus ihrm Ballaschtschtoffvitaminmagnesiumsack
Ond beißt mit Kracheknalleschneidezähgeknack
En den Karottagsondheitsbioåbauwurzelstompf,
Verhackt en mit Rabeißdruffbeißkleibeißmahlwerkkautriomph
Ond grinst so rankeschlankehautondknochasehnig,
Denkt wohl: Du Bauchlappaschmalzbrotrippleskaloriakenig!

Am Nordbåhhof han i mei Hurrajubeljetzischgwonnafreid,
Denk wieder an Einickaugazuaentspannongsgmüatlichkeit:
Se håt em Feuerbachzwoekilometersiehschmenettunell
Dr Rescht voll glüschtighaschtigtemporaseschnell,
Wegputzt vom Gelberübawurzelhasaknabberstäble!

Hauptbåhhof! I glaub, i sieh net recht:
Se holt a Halbpfondkugelkopfkohlräble
Ond mahlt mit Rabeißdruffbeißkleibeißhochgenuss!
Bis Feuersee!
Jetzt steig i aus ond es isch knallekracheknackebeißeschluss!

Fußnote

Hanns von Gumppenberg (1867–1928) macht sich in seiner Parodiensammlung »Das teutsche Dichterross« unter anderem über die »geschwollene neue Wortkoppelweis'« lustig und demonstriert sie (13./14. Aufl., München 1929, S. 62) an der

Sommermädchenküssetauscheläch elbeichte

An der Murmelrieselplauderplätscherquelle
Saß ich sehnsuchtstränentröpfeltrauerbang:
Trat herzu ein Augenblinzeljunggeselle
In verwegnem Hüfteschwingeschlendergang,
Zog mit Schäkerehrfurchtsbittegrußverbeugung
Seinen Federbaumelriesenkrempenhut –
Gleich verspürt' ich Liebeszauberkeimeneigung,
War ihm zitterjubelschauderherzensgut.

Nahm er Platz mit Spitzbubtückekichern,
Schlang um mich den Eisenklammermuskelarm!
Vor dem Griff, dem grausegruselsiegessichern,
Wurde mir so zappelseligsiedewarm.
Und er rief: »Mein Zuckerschnuckelputzelkindchen,
Welch ein Schmiegeschmatzeschwelgehochgenuß!«
Gab mir auf mein Schmachteschmollerosenmündchen
Einen Schnurrbartstachelkitzelkosekuß.

Da durchfuhr mich Wonneloderflackerfeuer –
Ach, das war so überwinderwundervoll …
Küßt' ich selbst das Stachelkitzelungeheuer,
Sommersonnenrauschverwirrungsrasetoll!
Schilt nicht, Hüstelkeifewackeltrampeltante,
Wenn dein Nichtchen jetzt nicht knickeknirschekniet,
Denn der Plauderplätscherquellenunbekannte
Küßte wirklich wetterbombenexquisit!

s Ärgschte send d Leut

Verlautbarungen über exemplarische Stammesvertreter und schwäbische Lebensart

Schwabenporträts

Ein Schwabe namens Eisenbeis,
Der war mit dreißig schon ein Greis.
Es ist vom anderen Geschlecht
Dem Eigenbrötler keine recht,
Und aus schloss stets der Arrogante,
Kaum dass er eine näher kannte,
Dass sie für ihn in Frage komm:
Bald war ihm eine viel zu fromm,
Andre zu brav, zu still, zu laut,
Zu hässlich, wie Venus nicht gebaut,
Zu arm, zu schrill, zu blond, zu flach,
Zu drall, zu dumm, im Haushalt schwach.
So gab er mit Entschiedenheit
Jedem den bündigen Bescheid
Auf Nachfrage warum er kneife,
Obwohl er längst in schönster Reife
Und oft genug doch angebandelt:
»Heira isch net Kappa ghandelt!«

Ein Schwabe namens Knobelspies,
Als ihn die Manneskraft verließ,
Verspürte anfangs großen Frust,
Doch hat er rasch dann den Verlust

Und auf die Dauer überwunden,
Denn er frohlockte ob der Stunden,
Die er auf die Art zugewonnen,
Dieweil sie einst im Bett zerronnen,
Indem zu Zeiten der Potenz
Trotz durchaus mäßiger Frequenz
Er sie gewiss gewidmet hätte
Dem Liebesspiele mit Babette.
Darum befindet Knobelspies
Abschließend zu dem Thema dies,
Frei von dem Drange des Geschlechts:
»Då schaff e liaber ebbes Rechts!«

Ein Schwabe namens Rechele,
Der hat zur Frau ein Kächele.
Die steht nicht nur auf festen Pfosten,
Sie hat auch schwer was auf dem Posten
In der Region der Oberweite.
Und wie sie dann so sind, die Leute,
Sie klopfen diesbezüglich Sprüche
Von wegen Holz vor Haus und Küche.
Den Rechele, den stört das mächtig,
Er sekundiert der Frau ganz prächtig.
Spielt jemand an auf ihre Brüstung,
Hält er dagegen mit Entrüstung:
»Ach, höret ihr doch uff mit Heula,
Wer an dia nåloent, kriagt koe Beula!«

Ein Schwabe namens Mornhinweg
Gäb gern für einen guten Zweck
– Er dachte an zehn Mark pro Jahr –
Die, weil steuerlich absetzbar,
Sich durchaus verkraften ließen.
Er hätt' auch sogleich überwiesen,
Doch es kamen ihm Bedenken
Vor der Frage: *Wen* beschenken?
Er malt sich aus, wie es ihn gräme,
Falls was in falsche Hände käme.
Wie, wenn man schnöde ihn betrog?
Die Sorge war's, die ihn bewog
Zu strenger Prüfung aller Daten
Potenzieller Adressaten.
Zu oft, wähnt er, versickre Geld
Auf Wegen in die Dritte Welt.
Da falle vieles durch den Rost,
Nicht anders sei's beim Aufbau Ost.
Aus scheidet also die Kollekte
Für diesbezügliche Projekte.
Den Hunger weltweit abzumildern,
Täglich zeig sich's in Schreckensbildern,
Wär nun einmal, so sei es eben,
Dem Einzelspender nicht gegeben.
Das alles sei gigantisch teuer –
Man zahle schließlich Kirchensteuer.
Nicht Tropfen auf dem heißen Stein
Sollte seine Gabe sein.

Insofern könnt' sie auch kaum nützen
Umwelt und Menschenrecht zu schützen.
Auch stünden Greenpeace schlechterdings
Und Amnesty ihm zu weit links.
Nur kurz hat Mornhinweg erwogen,
Opfern von Alkohol und Drogen
Mit seinem Scherflein beizustehn.
Doch er vermocht nicht einzusehn,
Wie die verdienten seine Huld,
Sie seien schließlich selber schuld.
In dieser argen Geber-Not
Half ihm ein schwäbisch Spar-Gebot,
Das riet, dass er in solcher Lage
Der Spendenabsicht ganz entsage.
Und es befreit ihn aus der Klemme:
»Was e hergib, han e nemme!«

Ein Schwabe namens Sigerist,
Der war von Haus aus Pietist
Und allem Weltlichen abhold.
Der Lust er ganz entsagen wollt,
Stets auf dem »schmalen Wege« wandeln,
Streng in Askese leben, handeln.
Des Segens sicher von ganz oben.
Mit allem Werk den Heiland loben
War seines Lebens Unterpfand,
Weshalb er sich nicht eingestand,

Dass ihm der Sonntagsbraten schmecke,
Und er ganz gern Vanille-Eis schlecke,
Fußball im Fernsehn gern einschalte,
Auch gern ein Mittagsschläfchen halte,
Dass er gern ins Theater ginge
Und ebenso das Tanzbein schwinge,
Den Trollinger nicht gar verachte,
Auch gern ne Nackedei betrachte.
Nein: Nur auf die Endzeit steht sein Hoffen –
Da macht ihn doch ein Traum betroffen,
So sehr, dass er ins Grübeln kam,
Als er die Himmelsschar vernahm:
»Oh, armer Schwabe Sigerist,
Wie du doch schon verbogen bist,
Komm doch zu uns ins Paradeis,
Der Schampus liegt hier schon auf Eis!
Was sagst du, wenn wir einst hier hocken
Und dich zu einem Glas verlocken?«
»Ischt mir das zugedacht? Dann gern …
A Tröpfle! Auf das Wohl des Herrn!«

Ein Schwabe namens Autenrieth
Hatte am Tag als er verschied
Die Großfamilie um sein Lager:
Töchter, Söhne, Enkel, Schwager.
Es drängt den Guten – trotz Gebrechen –
Mit jedem noch ein Wort zu sprechen.

Ein schärft er jedem einzeln dies,
Dass, was er demnächst hinterließ,
Man tunlichst nicht mit leichter Hand
Für Völlerei und eitlen Tand
Mutwillig ausgäb und verprasse –
Nein, füglich beieinanderlasse!
Als sie denn schlug, die letzte Stunde,
Blickt er noch einmal in die Runde,
Sieht laben seine Sippschaft ganz
Sich an Kaffee und Hefenkranz –
Und keucht die Abschiedsworte bloß:
»Jetzt gåht die Lomperei scho los!«

'ne Schwäbin namens Josenhans,
Zog bei der Beichte die Bilanz,
Dass sie mit Fritz, der sie betrogen,
Nicht grad das große Los gezogen
Und dass sie reu die Lebensspanne
Die sie geschenkt dem schlechten Manne,
Der ihr bald dreißig Jahr zur Seite
Nun lebe – leider meist im Streite.
Sich aber jetzt noch von ihm trennen,
Das wolle sie freiweg bekennen,
Scheine ihr denn doch nicht schicklich
Und überhaupt zu unerquicklich.
Was bleibe als sich überwinden
Und mit dem Schicksal abzufinden?

Der Pfarrer, um ihr Trost zu geben,
Wies hin auf jenes andere Leben,
Welches dem gläubig-frommen Christ
Die letzte große Hoffnung ist.
Allein die Gertrud Josenhans
Traut dieser Aussicht nicht so ganz:
»I glaub då net so richtig drå –
Dr Heiland isch halt au a Må!«

'ne Schwäbin namens Wildermuth,
Die hat zum Mann nen Tunichtgut,
Der sowohl junge wie betagte
Damen grad wie Freiwild jagte.
Dafür war allseits er bekannt,
Sein Ruf lief längst schon überland.
Zuletzt erreicht er – ziemlich spät –
Auch seine Frau, die Annegret.
Die ließ Bestürzung ganz vermissen
Und wollte davon gar nichts wissen.
Der? Hinter andern Frauen her?
Für sie war das die reine Mär.
Sie verweist die Botschaft ganz,
Und entlastet so den Hans,
Entschieden ins Reich der Fantasie:
»Der nebanaus? Narr, der måg net amål mi!«

'nen Schwaben namens Thudium,
Den treibt die Lust am Reibach um.
Zentral in seinem Lebenswandel
Sind deshalb stets Verkauf und Handel.
Nicht nur, was er als Schreiner schuf,
Verhökert er im Hauptberuf,
Nein, seine Tageskasse stärkten
Gewinne bei Floh- und Trödelmärkten:
Beim Sperrmüll aufgelesne Stühle
Wie Omas alte Kaffemühle.
Nichts, was nicht bei stolzem Preise
Profit brächt – mark- und pfennigweise!
Und dann gilts noch, vor allen Dingen,
Mit Vorteil an den Mann zu bringen
Die Gartenernte, gleich vor Ort,
Denn das bringt Bares ein sofort.
Frei ist daher zum Selbstverzehr
Noch nicht einmal ein Stachelbeer!
Fragt einer nach bei Thudium:
»Bringt dich dein Geldsinn nicht noch um?«
Erwidert dieser ihm gekonnt:
»s gåht koener am Verdeana zgrond!«

Ein Schwabe namens Stubenvoll,
Der fand die Arbeit nicht so toll
Und hielt, kam diese stiefelsdick,
Mit seinem Einsatz sich zurück.

Er sei nun mal, vermerkt er kess,
Allergisch gegen Druck und Stress,
Dazu noch zierlich von Statur
Und wahrlich keine Rossnatur.
Auch machten – schwer fall ihm daher jeder Schritt –
Die Bandscheiben halt nicht mehr mit.
Nun ist, das lässt sich leicht belegen,
Nicht sehr beliebt bei den Kollegen
Solche spezielle Abstinenz.
Vor allem macht sie die Sentenz,
Die Stubenvoll gern hält parat,
Dann doch eher vollends rabiat;
Mit der ist er oft angeeckt:
»Beim Schaffa sen scho Gäul verreckt!«

Ein Schwabe namens Hagedorn*
War seinem Rang nach ganz mit vorn,
Wechselt er doch – bei guten Gagen –
des öfteren die Chefetagen.
Mal hier-, mal dorthinauf gehoben,
Stand er in jedem Fall ganz oben
Und einem großen Hause vor.
So kam's, dass man ihn auserkor,
Flankiert von andern hohen Tieren
Jeweils die erste Reih' zu zieren,
Häufig unter Mozart-Klängen,
Bei Feierstunden, Staatsempfängen,

Verleihungen von Orden, Preisen
Und Einweihung von Bahngeleisen,
Beim Endspiel um die Meisterschale
Oder beim Grand-Prix-Finale.
Kurz: Von Beruf war er präsent
Und entpuppt sich als Talent,
Sich kess im Prominenten-Reigen
Sehr überzeugt von sich zu zeigen,
Sowie auf ausgesuchten Plätzen
Auch medial ins Bild zu setzen.

Einmal fand Seine Wichtigkeit
Bereits besetzt zu seinem Leid –
Das macht ihm bittere Gefühle
Komplett die Auserwählten-Stühle.
Sich notgedrungen abzufinden
Mit einem Plätzchen weiter hinten,
Schien – auch wenn das Fest im Gange war –
Ihm schlechterdings nicht zumutbar,
Weil sich ein Rückzug eklatant
In krassem Widerspruch befand
Zum Sinn des Hierseins – der war ja
Einzig und schlicht, dass man ihn sah.

Fordernd stand er und erlugte
Zum Vornesitzen Unbefugte.
Hoffte, dass einer davon spüre,
Wem hier der Vorzugsplatz gebühre

Und ohne dass es Aufsehn gebe
Zu seinen Gunsten sich erhebe.
Als stumme Mahnung doch nicht fruchtet,
Hat denn ein Ordner hochgewuchtet
Irgendeinen Herren Dings
Vom ersten Stuhle vorne links
Und abgestellt den armen Hund
Standesgemäß im Hintergrund.

Herr Hagedorn begrüßte dies,
Indem er stracks sich niederließ
Und sich nun hochbefriedigt zeigte,
Nach da- und dorthin knapp verneigte
Als Zeichen für die Prominenz:
»Då gucket älle her, i bens!«

---

* Nach einer Glosse von Sibylle Krause-Burger
(Stuttgarter Zeitung vom 18.11.1997)

Älles wia drhoem

Jetz kå-n-e gar nemme – *guck Eugen: s Knaußa!*
Då bisch uff Amrum, denksch an nix Bös, nå triffsch halb Zuffahausa.

Ja sag no, seit wann send r då?
Was, erscht geschtern komma?
Guck, dådrüba schwemmt mei Må...
Noe! Net en Pensio – mir hent wieder a Häusle gnomma.
Noe, em Hotel wöllt e net wohna ...
Du, em »Inselkruag«, då isst mr guat ond kriagt drzuanå Mordsportiona.
Des Jåhr en Süda? Em Leba net! Mr hätt bloß Angscht om sein Mercedes;
Mr hent wieder s Haus »Sommerwind«! Ja, des mit dene herrliche Tagetes.
Em Nebahaus, em »Sonnenschein«, då wohnt d Familie Hauber.
s isch grad wia onsers: net ganz billig, aber sauber.

Drfür håt mr sei Gregelts: kåsch selber kocha, håsch dei Stub, machsch zwischanei dei Wäsch;
So kommt oem d Mieate wieder rei: Was de sonscht bloß em Wirtshaus liega läsch!
Noe, net alloe, mir hent no onser Mutter em Quartier.
Ja, bloß zu dritt, sisch jå fascht schad: Platz hätts für vier.

Doch, doch, des ischs ons wert.
Wia uffgschleckt älles: d Garasch, dr Soutrai ond dr Herd.
Wo de au nålangsch: nirgends a Stäuble; s Gschirr ond d Häfa, älles blitzblank.
Des isch nämlich mei erschts: dr Staubtescht onterem Sofa ond ganz droba uff em Schrank.

Jå, die erschte acht Tag hemmer guat Wetter ghet.
Eugen, verlier dei Badkapp net!
Mr send au scho durchs Wattenmeer,
Ja barfuaß, fascht drei Stond, em Dreck nom bis nåch Föhr.
Des hemmer guat verwischt! A schös warms Tägle.
D Mutter? Ach, se macht arg rückwärts seit ihrm Schlägle.
En dem Alter, narr, då send mir au amål am Verkalka.
Des mit de Robba, gell desch schlemm ond mit dem Schaum von dene Alga.

Mr kochet meischtens selber, de woesch es jå: mei Eugen isst Diät.
Äll Tag des Wirtschaftsessa – noe, mr woeß doch nia, was mr versaua tät.
Oemål semmer en »Inselkruag« ond hents doch schier net zwonga.
Zom Mittag wärs ons eh net gschickt: Mir hent doch om halbzwoe scho onsere Åwendonga.
Ha jå, ällander Tag: i Stangerbad mit Lymphdrainasche,
Ond mei Eugen, wega seim Kreuz, a Packong Fango ond Massasche.

I koch gern fleischlos. Doch, des langt meim Må.
Erscht geschtern mittag: bloß Zucchini mit me hella Sößle.
Noe, i han koe Mehle gmacht; i han en Spritzer Bäramarke nå.
Ond s Veschper wia drhoem: em Metzger Mack sein
Schwartamaga aus em Dösle.
Åbends? Noe, mit em Ausganga hemmers net.
Mir machets wia drhoem: Mr ganget bald ens Bett.
Höchschtens no gschwend en d Düna naus, em Training ond
mit Schlappa.
Bloß uff dem Brettlesweg a Weile d Füaß verdappa,
Bevor d nächscht Woch wieder em Lada ståhsch.
Eugen, dei Soef, wenn d onter d Dusche gåhsch!
So, bleibet r zwoe Wocha? Bei ons ischs scho de dritt.
Ond nemm de trocka Badhos mit!

Mir tuats a Tee uff d Nacht, då brauch i nix dreinei.
Dr Eugen, wia mrs halt gwöhnt isch , der packt sei Viertele
Wei.
s håt jå gnuag Platz ghet, em großa Daimler bloß zu dritt;
Nå håt r halt sei Kischtle Haberschlachter mit.

Jetz isch d Sonn weg; s friert oen scho bis ennanei.
Woesch was, heut åbend kehra mr glei mitnander ei.
Ens »Luckner»? En d »Seekischt«? En »Inselkruag«? Ihr
könnet wähla.
Dåhaußa kåsch nix schwätza, ond s gäb doch soviel zom
Verzähla.

Bei dr Modenschau

SOPHIE
Sia, Freilein, zur Modenschau, semmer då richtig?
Mir hent zwoe Karta gwonna en dr Tombola vom Liederkranz!
Meim Hermann wars jå gar net wichtig –
Mode sei net sei Sach, sowenig wia dr Tanz.
Aber verfalla lassa? Zwoe gschenkte Plätz? Stück fuffzeha Mark!
Des will mr halt au net – s wär oem jå arg.
En Gotts Nåma håt r gmoent, nå ganga mr halt nå.
Ond so hemmers gmacht, ond jetzt semmer då.

HERMANN
Då semmer wo neigråta, so han e mrs denkt!
Då håts vielleicht Gstalta: ogwäscha, bloß gschmenkt.
Wia d Ölbilder ågmålt, ond, guck mål: dia Kleider!
Då moensch wärsch em Zirkus – ha des wird jå heiter!
Frisura wia Zussla ond Kerle mit Zöpf,
Ond fascht nix am Leib, aber Mordshüat uff de Köpf.
Qualma wia d Schlota ond Schampus zom Dudla,
Dr BaföG der zahlts jå; muasch mit Studiera net hudla.

SOPHIE
Siehsch au, wia dia knutschet, dåhenta em Eck?
Ha då kåsch doch nemme! s bescht isch, gucksch weg!
Jetzt lass me no ganga, ja saget mr bloß:
Hermann, håsch au gseah, jetzt hockt s em uff d Schoß!
Dia graust s doch vor gar nix, des jong Gmüas von heut:
Tätschlet ond fommlet – ond des vor de Leut.
Wenn des net seah tätsch, glaubsch s könnt net sei.
Also des fangt jå guat å, jetzt bloß nix wia nei!

Wo gåhts denn zom Laufsteg, ach då uff dr Seita!
Jesses, isch des voll! Ond a Luft, dia könntsch schneida.
Ja, nomerierte! Hermann, druck nei!
Lasset ons durch, mir hent Reihe zwei!
Hoppla! Han e Se treta? I hoff, s håt nix gmacht.
Wisset Se, mir hent vorna Platz sieben ond acht.
Des müsstet se sei! s hockt scho ebber druff!
Sia jonger Mann! Stehn Sie amål uff!
I sags jå! ‘s send onsre. Des fend e jå keck.
Also des tuat mr leid – då müsset Se weg!
Also so gåhts jå net! Hermann, sitz nå! –
Jetzt håts doch no glangt. Se fanget grad å.

Ja, was kommt denn då, en dem gscheckata Leible?
Då kåsch jå bloß råta: Må oder Weible?
Mit Stöckel ond Netzströmpf – mi hauts glei vom Stuhl.
Hermann, was sechsch?

HERMANN
Uff älle Fäll schwul!

SOPHIE
Ond guck då, de nächschte, jetzt ten aber stät!
Dia Fommel sen, siehsch es, meh gschraubt als wia gnäht.
Aus Gschirrtüacher zammaghengt, mit Glufa bloß gsteckt.
Narr, då isch net amål s Netigscht verdeckt.
Mi gåhts jå nix å, mir ischs jå egal,
Aber dass dia Mädla des machet, isch ein Skandal.

HERMANN
Die nächscht, die zoegt, was Badmode ischt:
Grad no a Schmalzbläamle håt dui uff de Brischt.
Mei Liaber, des isch fei a richtiga Dralla!
Die lässts aber hopfa, des lass e mr gfalla!

SOPHIE
Jå, schnapp no voll nom, Hermann, gang –
I ben schliaßlich auch koe Bohnastang ! …

So, jetzt kommts besser. Då, Hermann, guck naus!
Des sieht scho meh nåch 'ma Dirndele aus.
Gell, des gåht eher. Doch, des gfällt mr recht guat.
Des tät mr standa. Woesch, zu meim Tirolerhuat!
Då: Abendkloeder mit Bergstiefel! I glaub doch, dia juckts!
Ond Schlitz bis an Nabel! Ha, so ebbes Gschuckts!

Oes lila, oes grasgräa ond oes feuerrot!
Ond so glänzigs Zeugs – då schwitzsch de jå z' Tod.
Pass uff, Hermann, was sich dåhenta tuat,
Då kommt a Gschtell! Mit ma Mordstromm voma Huat!
Ond obadruff dr reinscht Zirengaschtrauß!
Des sieht vielleicht verbotta aus!

HERMANN
Ein Deckel der besondren Art!
Drfür hent se beim Kloedle gspart!
Des gåht no net mål über d Schenkel na.
Jetzt hakelt glei no ihr Bukettle ra!
Wia se ihrn Diener macht: den håt se druff!
Hå, hå. Die stellt ihrn Berzel aber nuff!

SOPHIE
Ja, gibts denn des au? Ja Heiligsdonder,
Håsch au gseah, Hermann? Dui håt jå nix dronter!
Då sieht mr jå älles, muasch de grad schema!
Nei, då müssa mr Åstoß drå nehma!
En Ausschnitt drzua, dass d Herzer raushanget.
Hermann, komm, ons langts jetzt, mir ganget!
Des gucket mir net länger å,
Då könntsch jå glei auf d Räperbåh!
Ond wenn e denk: *Die* Mode wirds,
Nå bene froh an meine Kittelschürz!

A Bsüchle

(Es klingelt.)
Au des no! … Ja sowas, s Freila Banzhaf – kommet Se net rauf?
Sie hen doch a Momentle Zeit? Wartet Se, i drück drauf!

Albert, ziag s Strickwestle å ond mach dr Fernsehr aus!
Ja, die Banzhaf – die mit der Galla – woesch die vom Krankahaus.

Awa, net vom Måler Banzhaf, noe Albert, doch net die!
Ja, die vom Nebabett, woesch von dr Chirurgie.
Bromm net, i lass se rei. Lang bleibt die net – awo!
Ond deine »Fallers« nemmsch halt auf Fideo.

Drucket Se fescht – die Haustür geht a bissle schwer,
Wega sowas kriagt mr heutzutag koen Handwerker meh her!

I kå au nix drfür! Wia mr halt so secht: Ade! Gell Sie bsuchet uns amål, Sie hens doch gar net weit!
Wer denkt au, dass die scho nåch vierzeha Tag reischneit?
Dia krieagt a Anisbrot aus dera Büchs.
Von onsrer Käsesahne en dr Küche sechsch fei nix!

Sie hen en doch gseah, den Schuhabstreifer em Parterr?
Noe, no en Stock höher, då onta wohnt onser möblierter
Herr!

So, Grüß Gott, Freila Banzhaf, desch mei Må.
Aber Sie kennet sich jå vom Spital – er war jå öfters då.
Ha, Sie schnaufet jetzt aber! s håt En doch nix to?
Vielleicht wars doch a bissle bald nåch Ihrer Operatio!

Jetzt ischs ons doch a rechte Freid – Sie machet ons glei a
Bsüchle!
Sie leget doch gschwend ab: dr Huat ... dr Mantel ... au Ihr
Tüchle?
Sonscht sieht's jå aus, als wäret Se scho wieder uff em
Sprong.
Die Dokter saget halt: Schonet Se sich ond gute Besserong.
Von wega schona! Bis de dei Täglichs bloß erledigscht.
I übertreibs no net – i mach grad s Nötigscht.
Dass Sie scho solche Ausflüg machet!? Waret Sie sowieso grad
onderwegs?
Für mi wär des no nix! Möget Se net wenigschtens en Keks?
Überhaupt: Was darf e Ihna macha, a Kaffeele oder Tee?
Jetzt isch grad schad – i han von meim Hefazopf nix meh!

Tee lieber net? Gell, der ståht oem oba nach drei Wocha
Sankt Franziskus.
Von morgens bis en d Nacht: Pfeffermenz, Kamille ond
Hibiskus!

Also wartet Se, Freila Banzhaf, glei isch s Kaffeele gmacht.
Kei Angscht, i mach en net so stark auf d Nacht.
Nåch viere send zwoe Löffel Pulver uff fenf Tässla recht.
s gåht En jå sicher au so: mr schlåft jå sonscht so schlecht.

Wollet Se wirklich nix dreinei? Sonscht wär e gschwend über d Stråß zom Bäcka Wörnle.
A Brezele vielleicht, a rösches Säle, a mürbs Hörnle?
Er hätt au süße Stückla, Schäumla oder so Apfelspalta,
Aber i verschtehs jå, desch no nix – Sie müsset sich no halta.

Ach, då fällt mr ei: I han doch Gott sei Dank
No von letzscht Jåhr a Anisbrot em Weißzeugschrank.
En re Blechbüchs mit ma Äpfelschnitz – so bleibts am beschta frisch.
Nå håt mr, wenn a Bsüchle kommt, emmer was uff em Tisch.

So, dr Kaffee! I hoff, er isch net z′ denn – jetzt aber nix wia tronka!
Wenns Anisbrot scho z′ trocka isch, nå müaßet Se halt tonka.

Von dr Frau Kischtenfeger håt mr nix meh ghört? Ja, wisst Se, dia mit dem Kropf.
Ach – die bsuchet Se morga, droba am Birkakopf?
Ond die Armbruschter mit de Krampfådera – des war vielleicht ein Besa!
So – bei dera send Se geschtern gwesa!?

Aber Sie hent jå leer! No a Kaffeele? Er wird jå sonscht bloß
kalt!
Bloß no en halba? I schenk En ei, ond Sie saget halt halt.
Warom? Hent Ses so eilig? Hent Se no was vor?
Ach so, s isch Montag, då hen Se Kirchachor!
So, am halb siebene holt mr Se drhoemda ab?
Jetzt hemmer viertel sechse, des wird jå fascht scho knapp.
Des wär mr arg, wenn mir Se z' lang in Åspruch nehmet
Ond Sie am End no wega ons z' spät en Ihr Singprob kämet.

Albert, hol em Freila Banzhaf d'Kloeder, sonscht wirds z' eng!
Sie brauchet mr nix saga: I weiß, då sen die Dirigenta streng.
Oes tröschtet me: Zeit zom vorher Veschpera brauchet Se
wenigschtens net.
Des hen Se schomål weg: Sie hen bei ons was ghet.

So, Ihren Mantel! Passet Se auf em nonter – die Treppe isch
frisch gwachst,
Oms Nomgucka rutscht mr då aus ond håt dr Fuaß ver-
knackst,
Nei, machet Sie scho wieder Höpf! Dass Sie des nach der
Gallagschicht net schlaucht!

Gell, Sie bsuchet ons mål wieder, wenn mr wega der
Sengstond net gar so pressiera braucht!

Urlaub em Süda

MARTHA
(Betritt das Reisebüro.)
I glaub, i ben richtig. Des gåht jå em Hui.
Löhlein aus Heslach! Sen Sia dr Herr TUI?
Net? Des macht au nix, des muaß au net sei.
Ich komm wega onserm Urlaub em Mai.

Åh, hen Sia scheene Bilder von überall uff dr Welt!
Drbei hoeßts älleweil, d' Leit hättet koe Geld.
Ich hoff, mir sen no zeitig gnuag drå.
Mir wisset nämlich no gar net wonå.
Bschtella will e also no net direkt,
I möcht heut zerscht amål ebbes Prospekt.

Mei Guschtav – mr krieagt en jå net naus aus em Loch –,
Aber hentadrei meckera, des tät r nå doch.
Tät i glei was fenda ond bei Ehne buacha,
Nå hör e mein Guatedel scho bruddla ond fluacha.

Sia sehn also: s isch no gar nix entschieda.
Bloß soviel: Mir wöllet en d' Wärme, en Süda.
Ond von Ihre Heftla nemma amål glei
D'Karibik, Ägypta, Marokko, d' Türkei,

D'Bahamas, die brasilianische Küschta,
Cuba net, då håts Kommunischta!
Aber Griechenland, Spånien mit de Kanara.
Natürlich wölla mr fliaga, net fahra.
I melds morga å, s Land ond dr Ort,
Uff älle Fäll wölle mr s nächscht Jåhr weit fort.

Nå sag e dr Frau Nåchber au mål, wo *mir* waren,
Wenn se wieder ågibt: »Die Balearen
Sind im Frühling ein einziger Traum!«
Drbei schafft doch ihr Gockeler kaum.
Der isch doch dr ganz Tag drhoem, dr Herr Bach:
Mi gåhts ja nix å, aber mr denkt sich sei Sach.
Ond sui frågt me nå emmer so spitzig, des Kalb:
»Sie waren wohl wieder auf der Schwäbischen Alb?«

Schwäbische Alb! Die wird sich no wondra,
Grad dera zom Possa macha mr desmål en bsondra
Urlaub. Haha, då håt se drå z'daua, wenn ich rengsrom
Braun wia a Kaschtanie von sonschtwoher komm.
Katalög han e gnuag. Mir suachets raus über Nacht.
Wenn no mei Må net no Sperenzla macht!
(Ab.)

MARTHA
(Zu Hause.)
Guschtav! Wegem Urlaub müaß mr glei was to,
Grad komm e aus em Reisebüro!

(Gustav erscheint.)
Proschpekt hemmer gnuag – guck då, die ganz Beig...

GUSTAV
Ja, was brengsch denn au då für ein Teufel voll Zeug?
Wia soll oe Mensch då 's Richtige fenda?
Wöllt e den Haufa von vorna bis henta
Durchmacha, nå brücht e, des kåsch doch net wölla,
Em Dezember en Urlaub zom dr Mai-Urlaub bschtella.

MARTHA
Nå probiera mrs mit Däumla, des isch gar net iebel,
Grad so wia ander Leut mit ihrer Bibel. *(Däumelt.)*
»Hotel Palace«, Jamaika! Des wär schö weit weg!

GUSTAV
Jå! Elf Stond em Flugzeug, i ben doch net jäck!

MARTHA
Ein Haus der Firschtklass, pass uff ... mit fenf Stern.

GUSTAV
Jå, 294 Zemmer, desch jå a Kasern!

MARTHA
Ganz tropisch dr Garta! Ond dia Palma vor dem herrlicha Blau.

GUSTAV
En dr Wilhelma, em Gwächshaus hemmer dia au!

MARTHA
En Schönheitssalo hen se au no em Haus!

GUSTAV
Wenn se de *no* scheener machet, des halt e net aus.

MARTHA
Getränke sen älle em Preis scho mit dren.

GUSTAV
Des nutzt mr nix, wenn dia koen Trollenger hen.

MARTHA
An jeder Zimmerdecke ein Ventilator.

GUSTAV
Weils hoeß isch ond dämpfig wia am Äquator.

MARTHA
Amerikanisches Frühstück! Nå hätt mr net älleweil s Gleich.

GUSTAV
Jå! Von dem hen dia Ami ihre schwabbelige Bäuch!

MARTHA
En Frisiersalon gibts: Då könnt e zom Wäscha ond Lega.

GUSTAV
Håsch gseah, was des koscht? Desch jå a Vermöga!
»Ab viertausendachtzig Mark für diese 16-Tag-Reise«!
Dia hent jå eine gewaltige Meise.
Des sechsch fei em Reisebüro dem clevera Mändle,
Om des Geld machet Löhleins fenfmål Urlaub em Ländle.

MARTHA
Ach Guschtav, muasch net glei so o'leidig sei.
Also, paß uff, i lang nomål nei! …
Belek; Türkische Rifiera; Hotel »Magik Life«.

GUSTAV
Mätschik Laif hoeßt des Martha, aber desch meh was für Vife.

MARTHA
Mr hätt garantiert halt äll Tag schö Wetter.

GUSTAV
Drfür hen dia Türka kreuzliadriche Better!

MARTHA
»Wasserski, Sailing, Surfen ond Squasch«!

GUSTAV
So neumodischs Zeugs! Komm, steig mr en d'Tasch!
Du woesch mit de Sportarta ben e fei heikel,
Von mir aus en Benokel oder en Gaigel,
Aber bei »professioneller Animation«, då krieag e Zweifel,
Wia då animiert wird, i woeß net …

MARTHA
Pfui Deifel!
Also *so* gåhts då zua! Nei, då muaß mr sich schäma.
Guschtav, då müssa mr Åstoß drå nehma.

Natürlich scheidet a so lockers Haus
Für ons als Quartier von vornarei aus!
Aber i han was glernt, des kommt mr wia bschtellt:
I woeß jetzt, waroms onsrer Frau Nåchber dådronta so gfällt.

Schad, dass e uffs erschtmål net s Traumhotel triff,
Aber i geb no net uff, i tua no en Griff.
Då: die Kanaren – Fortefentura.
Hen dia a schös Wasser, ach des en natura,
Des wär wia em Märchen, då tätsch Heslich vergessa.
Guck då, em »Calypso«, då sen d'Leut grad beim Essa.

GUSTAV
Siehsch net, dia hen fascht nix uff em Teller.
Hähä! Drfür traget dia Herra Krawatt ond Propeller.
Då ståhts: »Am Abend dezente Kleidung erwünscht!«
Ha desch jå schlemmer wia drhoemda em Dienscht!
Ond für des bissle Veschper muasch wandera,
Lies no, von oem Büfett zom andera:
Morgens zom Frühstück mit Vollwert ond Bio
Ond tagsüber gibts nå no a ganz Trio:
Das Schnäckbar-Büfett mit Häppchen am Puhl,
Vor- ond Nåchspeisa-Büfett! Då kommsch kaum uff dein
Stuhl.
An oem Åbend gäbs no ein Galadinner –
Natürlich an einem speziellen Büfett.
Für jedes Wurschträdle, für jeden Keks
Bisch zerschta a Viertelstond onterwegs!

MARTHA
Drfür håsch au Sandstrand zom Wandra, fuffzg Kilometer am Stück!
Obacha weit schweift då dein Auge, dein Blick!

GUSTAV
Ond dia Sonnenanbeter, wo dr då keck
Em Dutzend em Weg romlieget, hopfsch über dia weg?
Då dappsch so me Adonis, so me eigölta Weib
Doch äll Augablick uff d'Füaß oder en Leib.

Håhå! Jetzt lass me no ganga!
I sieh wohl net recht – oder guck e scho gschecket,
I glaub doch grad, dia sen älle näcket.
Stracket am Strand wia en re Heringsbüchs
Ond des oben ohne ond onta mit nix!

MARTHA
So ebbes! Des könnt au gmoent sei mit »Das Strandleben ist frei!«

GUSTAV
I hol mål mei Lupe, na hemmer des glei.
(Sieht intensiv nach mit seiner Lupe.)

MARTHA
Ond, was siehsch, håsch am End recht?

GUSTAV
Ja, aber manches isch gar net so schlecht!
Von dene Strandnixa isch di oe oder ander
Wie ich so sieh, net schlecht beianander.
Vielleicht überlega mrs ons doch ond ganget dåher!?

MARTHA
Des tät dr so passa, du als Foyär.
Nix isch – es sprechen jetzt voll älle Gründe
Gega diese Insel der Sünde.
Dem schmeiß e seine Proschpekt wieder en Lada.
Gnuag han e vom Ausland – i gang net mål nåch Bada!

GUSTAV
(Erfreut, denn er hat auf diese Wende hingearbeitet.)
Martha, nå braucha mr nix meh bereda,
Mir ganget wieder uff d Alb, nåch Feldsteta,
Des semmer gwöhnt, em »Lamm« kennt mr sich aus –
s Schächterles send sicher au wieder em Haus.
A Haufa Fahrgeld wär gspart, a Mordsschlauch vermieda,
Von Heslich aus gseaha, liegts drzuanå em Süda.

MARTHA
Was z' schwätzet isch, kåsch uff Deutsch de Leut saga,
Du håsch zom Frühstück dein Schwartamaga.

GUSTAV
Em Baumann sein Roschtbråta! Des zwengsch kaum,
des Tromm.
Ond zom Veschper laufa mr nåch Zainenga nom,
Då håsch, wia des brauchsch, dei schwäbische Koscht.
Ond woesch, was de trenksch: en Bråtbiramoscht.

MARTHA
Wenn mr nå wieder uff em Römerstoe ståht,
Ond über Schopfloch d' Sonn ontergåht,
Nå isch drs so wohl wia en ganz Australia koem,
Oefach weil d' spürsch: drhoem isch drhoem …
Jetzt hemmer Dezember – mir sen no recht drå.
Woesch was, i ruaf glei en Feldstetta å.
(Telefoniert.)
Ja, Löhlein aus Heslach, Frau Baumann, sen Sias?
Wia gåhts denn au so? Emmer guat uff de Füaß?
Mir kommet, wia emmer, drei Wocha em Mai.
Ten se ons doch wieder parterre, Zemmer zwei!

Ach je! Des isch schad, aber i kås ja verschteha,
Mr muaß dronternei au mål was anderes seha.
Ja, so kås ganga, des send halt so Sacha.
Mir meldet ons wieder! Noe, då kammer nix macha.
(Zu Gustav.)
Dr Frau Baumann täts leid, dass desmål net sei ka.
Se häbet gschlossa – se gehn nach Jamaika!

Advent im Supermarkt

Obwohl-e-s sonscht net mit em Eikaufa han –
Oemål reiß e me drom: Ab Mitte November beim Tengelmann,
Em Kaufland, beim Karstadt, em Minimal
Mit em Eikaufszettel von Regal zu Regal,
Då ben e so richtig en meim Element,
Weil då weihnachtets scho drei Wocha vor em Advent:
Ob beim Gmüas oder beim Käs: en jedem Eck hörsch se wieder –
Die herrliche deutsche Weihnachtslieder.
Egal, wo-n-e grad mit meim Kärrele wander –
Sie ertönet älle – s oene oms ander.

Bei Punkt 1 uff em Zettel: beim Peterling
Maria durch ein'n Dornwald ging …
Zwoe Büchsa »Erbsen, mittelfein«
Ach hilf mir doch wiegen mein Kindelein …
A Vollwaschmittel von Persil
Der guten Mär bring ich so viel …
En Vierleng »Lindenberger light«
Du grünst nicht nur zur Sommerszeit …
En Camerbär, a Schachtel Brie
Susani, susani, suhusani …
En Kaschta Hofbräu Weihnachtsbier
Heut schleußt er wieder auf die Tür …

A Essigflasch »Balsamico«
In dulci jubilohoho …
Drei Rote Würscht, a Pfond Tartar
Holder Knabe im lockigen Haar …
Laugawecka, Sesam-Fladen
Es kommt ein Schiff geladen …
Joghurt: ein Mokka, ein Vanill
Weil's Kindlein schlafen will …
A Tube Schuahcrem, dunkelbraun
Kommet ihr Hirten, ihr Männer und Fraun …
Bohnakaffee »Tag und Nacht«
Alles schläft, einsam wacht …
A Dösle Hering en Gelee
Still und starr ruht der See …
A Täfele Schoklad von Lindt
Auf die Erde nieder, wo wir Menschen sind …
A Kilo Rendsbråta zom Schmoren
Wehelt ging verlohoren …
Shampoo ens Reiseetui, klein!
Lasst uns froh und munter sein …
Kartoffel, aber mehlige
Oh du fröhliche, oh du selige …

So eikaufa dürfa, des isch ebbes Schees,
Richtig erbaulich, besinnlich, erhebend isch des.
Em Advent, då lohnt sich dia Eikauferei:
I dapp net bloß rom, i lern was drbei.

Weil am Christtag, wenn e mit dr Sippschaft seng onterm
Baum,
Nå send se baff ond se glaubet mrs kaum:
Ausgrechnet i – a wahrs Wonder wärs –
Komm ganz groß raus, weil i könn' älle Vers.
Ond se fråget natürlich, woher e des han,
Ond i sag en: Älles vom Tengelmann!

Das Fuchteln mit dem Doktortitel

Lieber Albert,

Du wirscht mir es nicht veriebeln,
Vor deinem Doktorbild zu griebeln.
Was ich derbei so reflektier,
Lieber Freind, ich schreib es dir.

Dieses, Albert, sind die Dommen,
Die, wo so viel auf sich gnommen,
Sich an Kapiteln – Sticker sieben –
Fascht die Fenger wondgeschrieben,
Ond wo, wenn sie den Titel hen,
So schwäbisch ond bescheiden sen,
Dass sie ehn dann oms Verrecken
Vor den Leiten glatt verstecken.

Du sollscht ihn vielmehr fleißig fiehren.
Lieber Albert, wirscht es spieren:
Oft ischts ein probates Mittel,
Das Fuchteln mit dem Doktortitel.
Wer sein Vorteil will erzielen,
Der muß fleißig »Dokterles« spielen.

Wie du dich da drin solltescht ieben,
Dieses han ich aufgeschrieben.
Muscht dich aber strikt dran halten:
'S wird den Jongen ond den Alten,
Ällen wird es aufgetischt,
Was du für ein Gscheidle bischt.
Wenn mr dieses nicht verstärkt,
Könnts nämlich sei, dass 's keiner merkt.

Als erschtes mecht ich dir empfehlen,
Du muscht dich ein bissle quälen
Ond mit irgendeinem Stift
Üben die nei *Onterschrift.*
Ja, eine sotte neue Würde
Ischt kalligrafisch eine Hürde.
Aber über die muscht drieber,
Sonscht wär die ganze Sach, mein Lieber,
Der ganze Promofierrabatz,
Im Grond genommen für die Katz.
Mit Albert Mai erscht reüssiersch,
Wenn d'en mit De ond er verziersch,
Ond schreib, dass es so richtig trifft,
En einer scheenen Schnörkelschrift.

Was wär aber die Doktorzier
Ohne neies *Briefpapier*?
Weil dem Leser muscht du sagen:
Freindle, jetzt hats dreizehn gschlagen.

Nicht irgendebber schreibt dir hier,
Sondern ein bsonders hoches Tier.
Der Adressat secht ja ond amen –
Auch wirkt De-er stets gut auf Damen,
Deshalb schreibsch künftig jedes Wort
Aufs Briefpapier der neien Sort.
Nå stehts glei oben auf dem Blatt,
Dass mr was Bessers vor sich hat.

Er sollte auch – merk dir des fei –
Nicht fehlen in deim *Führerschei.*
Ein Doktor theol., ja der hat,
Mit Recht sein bsonderen Rabatt.
Wenn du einmal em dauben Dies
Em Graba landesch, auf der Wies,
Dann kriegscht du es gutgeschrieben,
Wenn dich d' Polizei verwischt,
Dass du schwebsch auf Wolke sieben
Ond nicht so ganz hiesig bischt,
Sondern geischtig abgehoben,
Wegen dr Zwiesprach mit ganz oben.

Setz deine Bsüch auch gleich ins Bild
Mit einem frischen *Namensschild.*
Weil heilsam ischt der Doktor-Schock
Schon an der Haustür, an der Glock.
Manchen kannscht du glatt zerschmettern
Mit den bewussten Zusatzlettern.

So werden sich Jehovas Zeigen
Schon von vornenrein dir beigen:
Staubsauger-Menschen von Progress
Machen sich mit dir kein Stress;
Und es fürchten jonge Stutzer,
Selle anderen Glockenputzer,
Die mit Zeitongsabonnements
Deine rhetorische Potenz.

Die Hausierer äller Sorten
Probieren es an andren Orten,
Und fein heraus, Albert, bischt du,
Weil du hascht dei saubre Ruh.

Ein Bild von deiner Geischteskraft
Braucht vor allem d' Nåchberschaft.
Da gibt es dann diferse Mittel,
Wie du deinen neien Titel,
Ohne dass du es verzwingscht,
Den Mitbürgern zur Kenntnis bringscht.
Besser ischt dann als das Prahlen,
Ihn auf den *Kuttereimer* malen.

Jedesmal bei »flach ond rund«*,
Tuscht du es dann ällen kund:

---

* Eine Spezialität des Müllabfuhrsystems im Kreis Ludwigsburg.

In der Daimlerstraße elf,
Dass ich euch auf den Trapper helf,
Der A. M. vom Kirchenchor
Hat jetzt groß-De, klein-er davor.
Ond was ich en Oemer fill,
Ischt in dem Sinn Sondermill.

Isch der Anlass offiziell,
Machsch dir, Albert – folgsch mir, gell –
Einen *Button* an das Häs,
Am Revers oder überm Gsäß,
Dass die ganzen schicken Protzen,
Wo die meischten sen zom Kotzen,
Schier an ihrem Neid krepieren,
Weil sie keinen Doktor fiehren.
Hat ihn so ein jonger Freier,
Ischt er gwieß vom Konsul Weyer.
Gucken sie dann richtig dumpf,
Dann hascht du, Albert, dein Triumpf:
Du Doktor mit der hohen Stirne –
Sie Yuppies mit der hohlen Birne.

Eines, Albert, atteschtier ich:
In deim *Urlaub* wird es schwierich.
Wo du – wie mir älle wissen –
Oft jede Kleidong läscht vermissen.
Und wo du – ich sags gradraus, ja –
Huldigscht gern dem FKK.

Auch wenn es jetzet unbequem,
Seh ich da folgendes Problem:
Wenn du als Adam romhopfsch, munter,
Wo brenge mr da dein Doktor unter?
Als erschtes denkt mr – eifach so –
Ans Tätowieren – aber wo?
Besser, Albert, wärscht du dran,
Läscht ein bhäbes Hösle an,
Wo – du gfällscht auch so deim Schatz –
Wenigschtens ein De-er hat Platz.
Draufgebügelt oder gstickt –
Für dein Ånsehn wärs halt gschickt.

Den Ratschlag wirscht du mir noch riehmen,
Weil er liegt schon im Intimen:
Du sollteschzt ihn – wirschs nicht glei fassen –
Dir aufs *Nachthemd* sticken lassen.
Weil, wenn dei Irma in der Nacht
Dronternei ein Weile wacht,
Tut sie des viel unbeschwerter,
Wenn sie sieht: Du bischt Gelehrter.

Ischt ein *Potschamber* im Gebrauch:
Da drauf ghört der Doktor auch,
Weil er – 's ischt a wahre Pracht –
Ein jedes Gschäftle leichter macht
Ond weil 'r – auch wenns mancher tadelt –
Einen jeden Inhalt adelt.

Der Doktor, so er jetzt vorhanden,
Sollt auch auf dem *Wecker* standen,
Weil des Morgens, wenn es schellt,
Guckt man noch trieb in diese Welt,
Ond dann könnt es nämlich sei,
Dir fällts selber net gleich ei,
Dass du hauptberuflich Chrischt
Im Rang von einem Doktor bischt.

Denk au an dei seligs End
Ond verfiegs em Teschtament,
Mr mög dereinscht dein Doktorgrad
Mit großer Schrift ond akkurat
Dir mittlen en dr *Grabstoe* hauen,
So dass ehn älle sollen schauen,
Wo auf dem Friedhof romflanieren,
Ond dia sollets älle spieren –
Das ischt poschthum dei letztes Plus:
Hier ruht ein Akademikus!

So, jetzt weischt du, wie es gåht,
Muscht jetzt älles nach dem Råt
Von deim Freind ond Spezel machen.
Dieses ond no andre Sachen
Wünscht dir heut nach Kirchheim/Teck,

Dein treuer Eugen
Kleinbeck.

Moritat auf eine Sportschau

Nach der Melodie »Mariechen saß weinend im Garten« zu singen. – Schaubild eines schwer Lädierten an Krücken und mit Kopfverband wird gezeigt.

Då sehn r den Friederich Schwämmle
Als einen gebrochenen Mann.
Kein Virus håt ihn zerstöret,
Doch SAT 1 mit der Sportsendung »ran«.
Er war so fußballsüchtig
Ond schaltet letzscht Woch, oh waih,
Des war dem Mann sei Verhängnis,
Am Samstag die Liga-Schau ei.

Er kås kaum verwarta, Schlag sechse
Loent er en sei Sessele nei
Ond secht no zu seiner Hilde
Wia er sich auf d Stuagerter frei.
Aber nix då: mr belehrt en amål zerschta,
ran-Fußball sei mit Becks ein Genuss,
Ond jetzt gäbs nomål Tore vom Freitag,
Des macht em scho glei mål Verdruss.

Warom d Leut då wia dippelig patschet,
Des will ehm net en dr Kopf.
Jetzt gangs nå glei los mit Duisburg
Verspricht dr Wontorra, der Tropf.
Au seh mr was von Sankt Pauli,
Er wär nå glei wieder då,
Ond scho isch statt em Bobic
D Mercedes A-Klasse drå.

Nå machet se ohne Erbarmen,
Dr Schwämmle gåht scho am Stock,
Die nächschte sieba Minuta
Ihrn Aufmacher-Werbeblock.
Dr Boris mög gern »nutella«,
Sei Jonger fang au drmit an,
Frisches Veltins sott mr sich kaufa
Ond ein Handy von Mannesmann.

Von Braun dr Schwingkopf-Rasierer,
Drzwischanei bitte ein Bit.
Dr Schwämmle guckt scho ganz gschecket
Ond krieagts scho gar nemme mit,
Dass inzwischa doch a paar kicket
Aus dr ontra Tabellaregion.
Ond wo nr nå wieder was mitkrieagt,
Gåhts om Maggi ond Mariacron.

Bei Dallmayer krieagt r nå Gichter
Ond Krämpf beim Verreisa mit TUI
Dr Schwoeß bricht em aus bei Hanuta –
Auf Schalke schrein a paar »Pfui!«
Bei »Mon chérie« rennt r durch d Stuba,
Die Piemont-Kirsch gibt em dr Rescht.
Ond aus dr Küche schreit d Hilde:
»Oh, Gott, jetzt håt r sein Jäscht.«

Nå kommt Friedrich Schwämmles Tragöde
Voll schnell ond traurig ans End.
Er schmeißt a Vas nåch em Fernsehr,
Weil Bayern scho wieder gwennt.
Er zuckt ond kremmt sich ond strabelt
Beim Wrigley seim Kaugummi;
Ritter Sport, Gillette ond Karlsberg
Machet n reif für d Psychiatrie.

Käsweiß ond mit Schaum uff dr Luppel
Ond mit so ma Flackra em Blick,
Wia a Gspenscht tappt dr Schwämmle zom
Fenschter,
Sprengt naus – ja, då gibts koe Zurück.
Weil er wohnt halt dommerweise,
Mr siehts dronta an seiner Glock,
Des macht sei Schicksal so tragisch,
Seit jeher em fenfta Stock.

Er håt ja trotz ällem no Glück ghet,
Des isch an der Gschicht jå no schee,
Dass r lebt – so, wia n ern då sehet,
Weil normalerweis isch mr då he.
Ond ihr? Überlegets euch dreimål,
Ob euch d ran-Sportschau bekomm.
Weil, wer då uff Fußball wartet,
Der schnappt oms Nomgucka nom.

Ein Schon-Gang mit Berta Heuschele

Mir habet grad die Zuteilung vom Wüstenrot-Vertrag
Auf onsre alte Täg no mit eim Schlag
Für so ein Schmuckkäschtle – en Wintergarten gnutzt.
Grad hab en mit me Seifawässerle nomål putzt.
Der ståht jetzt då! Mr sieht en bloß so en dr Sonne blitza!
Ond då dren solla mir ab heut em dauba Dicht romsitza?
Narr, mr tät des Prachtstück jå em Nu verwohna!
Des wär doch viel z schad! Den müaß mr no schona!

Teppichboda em Wohnzemmer? Mir habet kei Freid drå ghet!
Mir hent grad frisch belegt – mit herrlichem Ahornparkett.
Was Wunderbares! Aber heikel ond hell.
Wenn då jeder drauf romdappt, verdirbt mr den schnell.
s håt emmer sei Guats, mir schmeißt s Zeugs net glei weg.
Dr alt Belag erfüllt jetzt au nomål sein Zweck:
Er liegt jetzt en Stroefa uff de empfindliche Zona
Vom neue Parkett – so könna mrs schona!

Ach, ond nå han e emmer des Gschur
Mit em Uffpassa uff de neu Sitzgarnitur.
Des wird – han e gsagt – glei gar net ågfanga,
Am Wertich en dene Polschter romhanga!
I werd onter dr Woch d Stube abschliaßa
Ond alte Leitüacher drüber, wegem Verschiaßa.

Meine Guatedel tätet mr nix als en dene Staatssessel
throna,
Ond des wär mr arg, dia müaß mr no schona!

Letzscht Woch han e – s graust mr heut no drvor –
Vorhäng gwäscha, an de zwanzg Meter Stor,
Mit Fewa em Schongang, soweit ischs net schwer,
Wenn net des Razieha ond s Nuffhänga wär.
Drom sag e zom Albert: »Also jetz isch fei aus,
Du gåhsch mit deine Zigarra ens Gärtle vors Haus.
Då kåsch se qualma, deine Allmachtskanona –
Dia Stor sen frisch gwäscha, mr müaßet se schona!«

Då neulich ware mr uff Einkaufstour
Ond hen em Albert a komplette Montur
Mit hoembracht. Doch, sauber ond glatt:
Weschte, zwoe Hosa, Hemd ond Krawatt.
Mir hen ons denkt, mir nemmet was Gscheits
Ond holets am beschta bei Knagge ond Peitz. –
Jetzt hangt se em Schrank neber ältere Sacha.
Dr Albert, der woeß net so recht, was drmit macha.
Fuffzgerfeier? Gschäftsjubiläum? – Nia tät sichs recht lohna.
Då täts au sei alts Häs – ond s neu könnt mr schona!

I schwätz då rom anstatt dass e me rühr.
Heut isch nemlich s Kaffeekränzle bei mir.
Meine drei Grazie vom Kirchachor kommet;
Då hat mei Albert jå wieder was z brommet.

I muaß grad gucka, ob e no Kaffee gnuag han;
d Hausmarke vom »plus« wär grad recht für den Clan.
En »Hochland« brauchts net für dia Amazona,
So kå-n-e mei Gückle »Colanka« no schona.

Mir hen ons au … i trau mes jå kaum
Zom Saga … s war halt em Albert sei Traum –
En … Mercedes … zuaglegt … dr isch en dr Garasch.
(Noe, koe A-Klass, dui wacklich Stellasch),
Also Sitz håt dr der! Zartlila Velours.
Wo ne den gseah han, sag e: Alles retour!
Bevor mr då druffhockt, müaßt Schonbezüg her. –
Dia hemmer jetzt, bloß ten mr ons emmer no schwer.
Dia sen nämlich viel z schö, ond i näh grad Imitationa;
Mir müaßt nämlich obedengt … die Schonbezüg schona.

»Meiner macht nix!«

(Gustav Löhlein mit Fingerverband und Armschlinge.)
Då, gucket Se nå!
Koe Betriebsofall, noe! Dr Frau Nåchber ihr bleeder
Dreimål verfluachter bissiger Köter!
»Wega dem Rasadünger – langet Se no über dr Zau ond holet die Büchs!
Hent Se koe Angscht, mei ›Nero‹ macht nix!«
Von wega: macht nix! Fråg amål mein Dauma, au waih!
Aber emmer wieder hakelsch uff des Lettagschwätz rei!

»Lasset Ses seha!«, säuselt d Frau Läpple, »jå mr könnt moena, mr sieht a Blessürle!
Wahrscheinlich möget Sie dr ›Nero‹ net, des spürt so a Tierle!«
Ond: s wär wirklich s erscht Mål ond se wonder sich ganz.
Jå »Blessürle«! Gnäht mit vier Stich! Chirurgie – Ambulanz!
»Meiner macht nix!« Des saget se älle, dia Hondsdatte em Chor.
Wenn se dr so kommet, nå sieh de bloß vor.

Desch grad wia dåmåls, wo mei Sekretäre, d Frau Hackl,
Ihrn »Waldi« ens Büro bråcht håt, so en wendiga Dackel.
»Meiner macht nix«, i soll no ganz ruhig bleiba …
I lang zura nom und gib re a Schreiba,

Scho hangt ihr Biescht an meim Ärmel, verreißt mr de Kittel,
schüttelt en rom wia verrückt,
Ond haut mr sein Eckzåh ens Floesch! – »Hat r se zwickt?«,
Secht d Frau Hackl, no nia hätt r des gmacht, se war ganz
erregt,
Wahrscheinlich hätt ich mich – des dürf mr natürlich net – zu
»ruckartig« bewegt!

Net anders selbigsmål em Allgäu, des Gschur:
Mir veschperet uff re Alm bei dr Hörnertour,
Nå japst so en Bobtail, so a hååriger Denger drher –
Sei Herr hentadrei. Der mach nix, sei gmüatlicher Zottelbär,
Vor dem, da brüchta mr ons doch net vrstecka –
Ond scho saut se drvo, die Beschtie, mit meim Leberkäswecka!

»Ha jetzt so ebbes!«, secht sei Herr, der Schlecker fress sonscht
bloß Tartar ond des nemm r bloß von seinera Frau.
Ond wos den Leberkäs gäb – weil von dem wöll er au!

Ond nå bei dr Grillparty vom Herr Schlegel, meim Chef!
I sag Grüßgott ond scho saut mit ma Riesagekläff
Sei Pudel uff me zua – d »Anka von Durlach«, s sei a »Sie« mit
ma Stamm-Dokument.
(A »Sie« ond aus Bada, denke, als ob oem des a Troscht sei
könnt!)
Prompt gibts mit dem Viech doch tatsächlich Trara:
Mir hakelt beim Essa a Floeschbreckel na
Ond dass e me net lang drnåch nabucka muaß,
Stand e hehlenga druff, wie wenn nix wär, mit meim Fuaß.
Aber d Anka håts gspannt ond zerrt an meim Wada.
En Gotts Nama, überleg e, des isch no dr rengere Schada
Ond lass den Leckerbissa halt los –
Se verdruckt en, aber i han en Mordsdreiangel en meiner
Hos.
(Mr håt jå nemme s schönschte Bein en meim Alter
Ond zoegt sich ogern en Sockahalter!)
Fassungslos seiet se, saget Schlegels, des hätt se no nia
gmacht, ihr Schatz.
»Doch, i hans!«, secht d Madam, »des schmeckt onser Anka:
Sia hen gwiß drhoemda a Katz!«

Ha, ond des au no: mir wandret letzscht Jåhr uff dr Schwäbischa Alb,
Na sprengt uff oemal so a Dogge, des war s reinschte Kalb,
Schnurstracks uff me zua, macht grausige Höpf ond setzt å zu me Sprong.
»Die macht nix!« schreit ihr Fraule, »die isch halt no jong!«
Die »Rinka« stellt sich uff d Henterfüaß, lupft ihre Pfota, ståht mr uff d Achsel, i kå bloß no rudera
Und lässt me stockvoll en Graba nei pfludera.
»I hoff, s håt nix gmacht«, secht s Fraule, »ond Sia zürnet ons net,
Sie håt halt gar so a Freid an En ghet!«

I könnt grad so fortmacha:
Em Karle sei Boxer trialt überall rom ond håt mr dr Sofa verhonzt,
Em Erwin sei Spitzer håt mr an d Roefa nåbr ...,
Die Tschutschu, dr Tante Gerda ihr Wollebebbel, håt mr a Pärle Heedschich verrissa,
Dr Struppi, em Gottlieb sei Stromer, håt mr en Peterleng gsch ...
Ond wenn se hörsch: Se hen älle dr brävscht.
I geb euch en Råt ond s isch gwiß net dr dööfscht:
Trauet koem Milo, koem Fiffi, koem Arko, koem Styx
Ond passet mr uff, wenns hoeßt: »Meiner macht nix!«

Schwabenstolz

Was glaubet Se au, han-e onter meim Schaffschurz vrsteckt?
Ehne kå-n-es jå saga: von Seehnlein en Sekt!
(Neineinaneinzich geschtern beim Nanz,
Uff oemål trenka mr den gwiß net glei ganz!)
Ja, nåch dreiavierzg Jåhr – dåmåls hemmer gheiret –
Han e mit meim Må mål wieder was z feiret ...
Mir waret neemlich heut ... in geheimer Mission
Scho onterwegs ... en Sindelfinga, em Autosalon ...
Ond hen was mitbråcht – em Moment semmer zrück.

Ja, mei Albert, der isch ganz en seim Glück. –
Er hat sich erfüllt, dr Traum seines Läbens,
Des Klemma ond Knausra, es war nicht vergäbens ...
Hen Se-s verråta? Se hens sicher gspannt,
Mir hen – des isch oem doch s Höchschte im Schwabenland –
Ab Werk ... selber abgholt ... jeder Landsmå vrsteht des:
Ja, mir hens gschafft: mir hen en Mercedes!

Nix håt sich mei Albert für die Jåhr nåch seim Denscht
So inbrinschtig, so von ennaraus gwenscht:
En Daimler hätt-r halt fürs Läba so gern,
So was Overwieschtlichs, vornadruff mit ma Stern.
A sotter Staatswaga wär em de ällergröscht Freid.
Weil nix geng – secht-r – über schwäbische Wertarbeit.

Dr Stern, den hemmer jetzt doch liaber bsonder,
Sonscht reißet en oem jå d »Sozialneider« ronter –
Då, schee en Watte en dem gattiga Käschtle:
Zom uffs Nachttischle stella uff a Podeschtle.
Nå sieht mr glei morgens, kaum dass mr wacht,
Mr håt für was gschafft ond mr håts zu was bracht:
Zu me Daimler! Zu me wahra Luxusartikel,
Ond fährt net irgend so a klapprigs Vehikel –
A VWle, en Opel, des håt schließlich jedes.
Nei, mir habet das Beschte – mir hen en Mercedes!

Wo mei Albert jetzt steckt? Ha, des kå mr sich denka:
En dr Garasch, en seim Staatsgfährt ond tuat huppa ond blenka.
Ja, so håt halt a jeder sein bsondera Sparra,
I krieg den heut gwiß nemme raus aus dem Karra.
Er brücht für die Nobelkarosse zerscht s rechte Gfiehl
Ond s tät not, dass r a Weile mit de Hebela spiel.

I fend des jå au a bissle beknackt.
Was isch en den neigfahra, denk e, håts en jetzt packt?
Reißt zehamål d Autotür uff ond schmeißts wieder zua!
Was soll denn des, sag e, jetzt gib halt a Ruah!
Ob en net hör, secht r, den Klangunterschied,
Des wär Musik en de Ohra, ond des tät so solid!
Ond bei de Fenschter secht r, des wär fei net iebel,
Jetzt wär endlich Schluss mit dem domma Getriebel.
Dr druckt uff en Knopf, vornadrå, so en schlaua,
Ond lässt zwanzgmål d Scheib ruff ond ra saua …
Drbei gronzt r ond schnalzt ond juchzget vor Luscht
Ond hoezt sich sein Sitz – ond des em Auguscht!
Normal tät mr jå saga: Ha jetzt so ebbes Bleedes,
Aber des wär doch net recht – bei me Mercedes!

Em Herfahra sag e: Macha mr a Spritztour, mir zwei?
Nix, moent mei Må, då staubt mr des Prachtstück bloß ei. –
Solla mr nå vielleicht a Ronde oms Viertel rom dreha?
Liaber net, secht r, den muaß net jeder Nåchber glei seha.
Aber mir könntet, wenn e wöllt, då brüchts koen Mercedes,
Zur Feier des Tags auf en Gaisburger Marsch, des ging au per pedes,
Bloß über d Stråß zom Schnepple en d Krona.
Ha, des muaß net sei, sag e: i han von geschtern no Bohna!
Woesch was? Mir teifet en mit ma Fläschle Schampus – i holls –
En dr Garasch. Au ja, secht r, mir hoeßet en »Schwabenstolz«!

… Was meinet Se?
Nei, net dr gröschte. Sowas Protzigs wias Riedmüllers wolla mir net.
(Aber dia hen jå scho emmer ihrn Grattel ghet!)
»Immer gediegen«, håt mei Må gsagt, »fürs Heuscheles macht sich
Am ällerbeschta ein C 180 –
In Rauchsilber, des dreckelt am wenigschta, Berta, verstehsch,
Weil se habet en leider net ema Beesch.« –
Was so ebbes koschtet? Narr, dr Preis isch a Send,
Aber mr håt sich jå jåhrelang kaum ebbes gennt.
Von wega Freizeit ond Urlaub! Nix als Arbeit ond Pflicht.
Noe, dr Gsendescht isch r nemme, mei Må, mit Rheuma ond Gicht,
Mit seim Herzkaschper ond drzuanå no sei Diabetes!
Aber was isch nå? – Mir hen jå drfür en Mercedes!

Fußball im Advent

MARTHA
(Sitzt vor dem Fernseher, strickt; hat neben sich auf einem Tischchen den Christbaumständer stehen.)

GUSTAV
(Kommt mit zwei Bierflaschen; öffnet eine Flasche; lässt sich im Sessel nieder; will einschenken.)

MARTHA
Was willsch denn scho, Guschtav? s hat noch kei Eile.
Des isch d »Lindenstraße«, ond die lauft no a Weile!
s håt no gnuag Zeit, bis se dei Fußballspiel brenget,
Ond bis dia nå no vorher ihre Hymnena senget.

GUSTAV
Heut wird doch net gsonga!

MARTHA
Pass uff uff mein Fada!

GUSTAV
Vor ma Punktspiel, Martha, då sengt mr höchschtens en Bada!

MARTHA
Aber tua mr – håsch später doch wieder en Balla –
Des langts no dreimål, drweilsch no en Gfalla.

De woesch jå: Am Heiliga Åbend kommt d Gudrun ond
d Kender
Scho mittags. – Nå wär mrs recht, dr Baum wär em Ständer!

GUSTAV
(Bruddelt.)
Acht Täg vor Weihnachta? Was fangsch då für Mödela å?
Då isch doch am Chrischttag koe Nådel meh drå!

MARTHA
Ach was! Mir lasset en doch no uff em Balko –
Ond außerdem: Eine »Nordmanntanne« nådelt net so!
(Gustav brummt.)
Mir hoezet nåch Weihnachta dåhenn nemme ei,
Nå hemmer dia no bis en Februar nei! …
I woeß doch: Am Heiliga Åbend hätt e dr Dreck,
Då kriagt di jå koener von dr Eisabåh weg!
I will net nomål wia letzscht Jåhr des Gschur,
Jetzt machs halt no gschwend ond sei net so stur!

GUSTAV
(Um das Gequengel zu beenden.)
En Gotts Nama, i tuas jå. Nå han e mei Ruah.
Aber guck mr dåhanna fei nebaher zua!

Net dass e no dr Åfang verpass,
(Geht widerwillig; Martha drückt ihm den Christbaumständer in die Hand; man hört ihn draußen schimpfen.)
Då ståht r, der Denger! Der isch jå patschnass.
Statt dass mr wartet, bis r abtrocknet wär,
Muaß mr-n no ausschüttla – Gott, isch der schwer! –
Ha, so hemmer no nia oen ghet – so einen Besa!
Oh, Martha, wo håsch au den Storra uffglesa?

MARTHA
Drfür war er billig! Se hen gfrågt, ob mei Må Heimwerker isch.
I han en verzählt, was d für a Tüftele bisch,
Nå, hen se gmoent, bricht e gar nix verklemma,
Nå wär der grad richtig, ond i könnt en ruhig nemma.
Ond so han es gmacht. Schnurstracks han en gnomma,
Dr Nåchber, der Geiger, håt me seah komma.
I soll en mål nåstella hat r gsagt ond amål dreha,
Ond nå: So hätt r au no keon gseah!

GUSTAV
Haha, des glaub e! Narr, der Hond isch so kromm,
Der hakelt mitsamt em Ständer no om.
Den muasch vor em Zuaschrauba zerschta no gäga,
Ond a Kränzle muaß weg, i brauch glei mål mei Säga!
(Kommt über die Bühne, um nebenan die Säge zu holen; kommt mit Säge zurück.)

A Wettertanne vom Polarkreis hemmer desmål erstanda,
Dia håt en Lappland a paar Elchtescht bestanda!
Ond i han jetzt a Mordsfommlerei,
Ond s isch dreiviertel sechse – ond då kicket se glei!

MARTHA
Du versäumsch gar nix! s kommt doch wieder so:
Mit »Nix ischt unmöglich!« ond Harribo
Gåhts zerscht amål los, ond bis s soweit ischt,
Narr, Guschtav, då kåsch sogar no die Kischt
Mit Lametta ond Kugla en dr hentera Kammer
Rausgruschtla …

GUSTAV
(Kommt wieder über die Bühne.)
… I brauch au en Hammer,
Mei Bohrmaschee ond mein Hafa mit Bäpp,
Mr muaß deim Prachtstück – i werd no zom Depp –
Zwoe Äscht neileima … dem Krüppel, dem schiacha …
(Kommt mit Werkzeug zurück.)

MARTHA
Ond dronter lega mr wieder a Ziacha,
Sonscht tropft mr s Wachs wieder uffs schöne Parkett!
Kåsch ruhig no bohra, se spielet no net!
D Ferrero-Küsschen send jetzt grad no drå.

GUSTAV
Aber s gåht jetzt äll Augablick å!
(Gustav bohrt, hämmert, stöhnt auf, weil er sich auf den Finger schlägt; Martha strickt, blickt eine Zeitlang unverwandt auf den Fernseher.)

MARTHA
Kommsch no lang recht ond muasch mit deim Bäumle net hudla.
Scheints wöllet dia zerschta gschwend no oen dudla.
Se tätet glei *åstoßa*, håt nemlich grad oener gsagt –
Mach no, Guschtav, bis des losgåht, håschs packt!

GUSTAV
Åstoßa, Martha, der »Ånstoß« hoeßt en dem Fall so viel:
Se fanget å, der Ball kommt ens Spiel,
Ond des bedeutet: das Mätsch ischt em Gang
Ond dauert nå neunzig Minuta lang!

MARTHA
Ah deswega! Dr Kaiser håt au gmoent: ob seine gwennet
oder dr VfB,
Oder koener von boede – nåch neunzig Minuta wüsst mr
nå meh!

GUSTAV
Martha des send Analysa auf hohem Nifo! *(Entsetzt.)*
Also isch d Vorschau scho komma, ond du schwätzsch
nix drvo!
Was hen se no bråcht, des isch mr fei wichtig,
Weil nå begreifsch, was de siehsch, erscht so richtig –
Vielleicht därf mr hentadrei no ebbes erfahra!?

MARTHA
s waret ganz scheußliche Sacha – i han drs wölla verspara:
s käm druff å, wies em Balla heut liefe
Mit seine *tödliche Päss* en die Tiefe,
Ond dr Berthold häb halt *koen lenka Fuaß,*
– Also dass so a Amputierter ausgrechnet kicka muaß! –
Ond dr Schneider müaßt heut en dem Kampf leider passen,
Sei Gegner letzscht Woch häb *das Bein standen lassen,*

Ond dr Knitzfeld, der hätt wohl wieder mål blufft,
Weil dr Scholl häb *bloß für a halbe Stond Luft,*
Ond mr hoff – i han me ganz alteriert,
Dass der Dandi heut uff em Platz *explodiert,*
Ond tät Stuagert sich uff sei *Gflügelzang* bsenna,
Täts bei de Boera *em Stråfraum lichterloh brenna!*
s wär wichtig, dass se dem Kahn dr Åbend vermieset
Ond dass se au *aus der zwoete Reih uff en schießet,*
Ond dass se auf ihrn Trainer, dr Bangnick halt höret
Ond em Gegner sei Spiel *em Zweikampf zerstöret.*
Lauter furchtbare Sacha! Wo kommt mr då nå?
Ond so was Gräuslichs gucksch dr du å!
I muaß scho saga: Des isch allerhand!

GUSTAV
Des isch die Fachsprache, Martha, då brauchsch Fußball-
verstand;
Sonscht kapiersch net, om was s då eigentlich gåht,
Ond was der Kenner, der Fän då dronter verståht.
Reg de net uff Martha, s isch halb so schlemm – und:
Merk dr bloß oes: »Das Leder ischt rund!« …
So, jetzt ståht r, der Denger ond d Äscht sen komplett! –
Was? Viertel siebene? Kicket dia emmer no net?

MARTHA
Doch, s sieht so aus! A paar Rote ond Weiße sauet jetzt rom!

GUSTAV
(Stürzt mit Aufschrei herein.)
Waaas? I sags jå! Se spielet! I glaub i schnapp nom!
Ja heiligs Donder, jetzt gibts fei Alarm:
Oes null für Bayern! – Ond mei Bier isch soechwarm!

Wörtlich betäubt

Verlautbarungen zur schwäbischen Mundart und Rhetorik

Schwäbisches Echo auf Heinrich Heine: »Zur Teleologie«

Gott der Herr, um fortzustreben,
Beine hat uns zwei gegeben.
Wollte nicht, dass an der Scholle
Unsere Menschheit kleben solle.
Um ein Stillstandsknecht zu sein,
Gnügte uns ein einz'ges Bein.

Dr Herrgott denkt beim Menschabaua:
Füaß geb em glei zwoe – zom Saua.
Net dass dr Mensch, solang r lebbt
Uff em gleicha Flecka bebbt.
Oem wo bloß guckt, nix schaffa muaß,
Dem täts au a gotziger Fuaß.

Augen gab uns Gott ein Paar,
Dass wir schauen rein und klar;
Um zu glauben, was wir lesen,
Wär ein Auge gnug gewesen.

Glotzer hemmer au zwoe Stück,
Mit oem hättsch vieles net em Blick.
Zom lesa, was Wåhrs en Büacher prangt,
Hätt ons au oe Gucker glangt.

Gott gab uns die Augen beide,
Dass wir schauen und begaffen,
Wie er hübsch die Welt erschaffen
Zu des Menschen Augenweide.

Mit oem Aug blieb mr doppelt domm,
Weil mr käm bloß halba rom
An dem, was Gott en seiner Gnad
En seiner Schöpfong håt parat.
Dass d' mitkriagsch, was als Mensch sottsch preisa,
Muasch boede Glotzbebbel uffreißa.

Doch beim Gaffen in den Gassen
Sollen wir die Augen brauchen
Und uns dort nicht treten lassen
Auf die armen Hühneraugen.

Onterwegs, wenn se oen schucket,
Tuats not, dass boede Gucker gucket,
Ob då au koene Dagdiab schlappet,
Wo ons uff d' Häehnerauga dappet.

Gott versah uns mit zwei Händen,
Dass wir doppelt Gutes spenden;
Nicht um doppelt zuzugreifen
Und die Beute aufzuhäufen
In den großen Eisentruhn,
Wie gewisse Leute tun –

Zwoe Händ håt ons dr Herrgott gschenkt,
Net, dass sich ebber 's Falsche denkt.
Er håt ons so – wia sichs gebührt
Zom doppelt Guatstoa ausstaffiert.
Mr hens zom Werka ond zom Schaffa,
Net zom doppelt zammaraffa,
Wias so mancher om ons her
Net lassa kå – mr woeß scho wer!

Gott gab uns nur eine Nase,
Weil wir zwei in einem Glase
Nicht hineinzubringen wüssten
Und den Wein verschlappern müssten.

Was d' Nås ågåht: Mr hent halt mitta
Em Gsicht bloß oene – 's isch au recht.
Mit zwoe em Weiglas wärs fei schlecht:
Då tätsch dr 's Viertele verschütta.

Gott gab uns nur einen Mund,
Weil zwei Mäuler ungesund.
Mit dem einen Maule schon
Schwätzt zuviel der Erdensohn.

Oe Gosch! A zwoete, liaber Gott, gibsch koem!
's isch gnuag, wenn d Leut oe Schandmaul wetzet.
Oes langt! Denket, was manche scho mit oem
Für en Haufa Dreck rausschwätzet!

Wenn er doppelmäulig wär,
Fräß und lög er auch noch mehr.
Hat er jetzt das Maul voll Brei,
Muss er schweigen unterdessen,
Hätt er aber Mäuler zwei,
Löge er sogar beim Fressen.

Zwoe Mäuler!? Noe, des hieß am End
Doppelt lüaga, doppelt fressa: 's wär a Send.
Oe Maul kåsch wenigschtens beim Beißa
Net no zom Sprüchklopfa uffreißa.
So ischs also Gottes Will:
Solang mr veschpert, isch mr still.
A Doppelgosch wär oågmessa:
Dr Mensch könnt lüaga – au beim Fressa.

Mit zwei Ohren hat versehn
Uns der Herr. Vorzüglich schön
Ist dabei die Symmetrie.
Sind nicht ganz so lang wie die,
So er unsern grauen braven
Kameraden anerschaffen.

Ohrlappa hemmer zwoe am Meckel,
Au då war onser Schöpfer findig,
Weil uff die Art håt dei Deckel
Einen Åschlag ond sitzt bündig.

's recht ond 's lenk Ohr sehn gewöhnlich
Zom mendeschta anander ähnlich.
Manche hent große, manche kleine,
So lang wia onserm Esel seine
Send se aber für normal
Net ganz – 's wär au faddal.

Ohren gab uns Gott die beiden,
Um von Mozart, Gluck und Haydn
Meisterstücke anzuhören –
Gäb es nur die Tonkunst-Kolik
Und Hämorrhoidal-Musik
Von dem großen Meyerbeer,
Schon ein Ohr hinlänglich wär!

Wohlklang dankbar zu erhören,
Net alloe von Fischers Chören,
Hemmer onsre Watschla boede,
's isch a Fråg, ob mr denn 's zwoete
Heut no braucht, i han so 's Gfühl,
Für manchen Sound isch oes scho z'viel.

Freund, ich hab dir zugehört,
Und du hast mir gut erklärt,
Wie zum weisesten Behuf
Gott dem Menschen zwiefach schuf

Augen, Ohren, Arm' und Bein',
Während er ihm gab nur ein
Exemplar von Nas und Mund.

Jetzt håsch mr klara Wei eigschenkt:
Was sich dr Herrgott drbei denkt,
Wenn r de Menscha oscheniert
So ond net anders konschtruiert.
Verklaubt håsch du mir säuberlich,
Ond i glaub drs uff dr Strich,
Warom mr doppelt gsegnet send
Mit Auga, Ohra, Füaß ond Händ,
Warom mr bloß oe Exemplar
Von Nås ond Maul hen, isch mr klar.

Doch nun sage mir den Grund:
Gott, der Schöpfer der Natur,
Warum schuf er einfach nur
Das skabröse Requisit,
Das der Mann gebraucht, damit
Er fortpflanze seine Rasse
Und zugleich sein Wasser lasse?

Jetzt sag mr no, was isch es nå
Mit dem Deng, wo jeder Må
Bloß oemål håt, doch für zwoe Sacha:
Zom Kender- ond zom Rollemacha?

Teurer Freund, ein Duplikat
Wäre wahrlich hier vonnöten,
Um Funktionen zu vertreten,
Die so wichtig für den Staat
Wie fürs Individuum,
Kurz fürs ganze Publikum.

Zwei Funktionen, die so greulich
Und so schimpflich und abscheulich
Miteinander kontrastieren
Und die Menschheit sehr blamieren.

Boede Gschäfter send halt wichtig,
Ond mr will doch boedes richtig
Ohne Fehl ond Tadel macha.
Mr därf net pfuscha bei so Sacha.
Deshalb fråg e ontertänig:
Isch oe Werkzeug net doch z'wenig –
Wärs net gscheiter, fråg e äls,
Mr hätt für boedes was Speziells?

Gottes Nützlichkeitssystem,
Sein Ökonomieproblem
Ist, dass wechselnd die Maschinen
Jeglichem Bedürfnis dienen,
Den profanen wie den heil'gen,
Den pikanten wie langweil'gen –

Alles wird simplifiziert;
Klug ist alles kombiniert:
Was dem Menschen dient zum Seichen,
Damit schafft er seinesgleichen.

Freilich kå mrs so nåredreha,
Bloß: mr kås au anders seha,
Ond nemmt mrs amål andersrom,
Nå ischs wias isch gar net so domm.
Muasch de bloß genauer bsenna,
Nå siehsch a höhere Weisheit drenna:
's wär alloe scho anatomisch
Vom Design her meh als komisch.
Mr tät ons Kerle ehr verhonza
Mit me bsondera Toel zom Br …

Schwäbisches Echo
auf Friedrich Schiller: »Der Handschuh«

Vor seinem Löwengarten,
Das Kampfspiel zu erwarten,
Saß König Franz,
Und um ihn die Großen der Krone,
Und rings auf hohem Balkone
Die Damen in schönem Kranz.

Mr ischs von de Keenich jå net anders gwehnt,
Als dass se ihrn Grattel hen ond nix Gscheiters tent:
Se müaßt oms Verrecka mit ihre Vertraute
Bleedsenn gmacht han – oefach so ond zur Gaude,
Bloß dass se romlotteret ond ihr Zeit ztotschlaget.
Es isch en grad wurscht, was d Leut drzua saget.
s war koe Härle anders, einscht beim Keenich Franz,
Mr könnt doch grad moena, der håt se net ganz:
Fällt doch dem Luschtmolch nix Bessers ei,
Als vor lauter Langweil mit seine Lakai,
(Natürlich håt r au seine Mätressa,
Dia saubere Menscher, drbei net vergessa),
Solang seine Ontertana schwer für en schaffet
Vom Balköle ra uff en millionischa Käfig z gaffet.
Se sen scho ganz höpfelich, weil glei seiet se Zeuge
Von me obachena Kampfspiel, secht dr Franz, wo jetzt steige

Zu ihren Fießen, ond se patschet Applaus –
Er lass nämlich glei seine Raubkatza raus.
Des wär doch ganz spannend, weil mr nå endlich wisst,
Wer der Stärkere sei, des hoeßt: wer wen frisst!

Und wie er winkt mit dem Finger,
Auf tut sich der Zwinger,
Und hinein mit bedächtigem Schritt
Ein Löwe tritt,
Und sieht sich stumm
Rings um,
Mit langem Gähnen,
Und schüttelt die Mähnen,
Und streckt die Glieder,
Und legt sich nieder.

Scho schnalzt d Majeschtät kurz mit de Fenger,
A Törle gåht uff …
Ond a Leeb, a Mordsdenger,
Dappt rei, glotzt ällsgmach zom Publikom nuff,
Reißts Maul uff ond gähnt ond zoegt sei Gebiss,
Dass dr Hofmarschall bloech wird ond bibbert vor Schiss.
Dr Leeb stiert en d Sonn, schüttelt sei Mehne wia toll,
Ond woeß, so wias aussieht, net recht, was r soll.
Nå strack e halt, denkt r wohl, zerscht amål nå. –
Was soll r au toa? s isch jå sonscht keoner då.

Und der König winkt wieder,
Da öffnet sich behend
Ein zweites Tor,
Daraus rennt
Mit wildem Sprunge
Ein Tiger hervor.
Wie der den Löwen erschaut,
Brüllt er laut,
Schlägt mit dem Schweif
Einen furchtbaren Reif,
Und recket die Zunge,
Und im Kreise scheu
Umgeht er den Leu
Grimmig schnurrend,
Drauf streckt er sich murrend
Zur Seite nieder.

Lang hebt se net, dem Löwa sei Ruah,
Weil lang bleibt des Türle zom Käfig net zua.
Dr Keenich, der lupft scho wieder dr Arm.
Jetzt wirds aber gfährlich – ach, dass Gott erbarm:
Då kommt se gsaut,
Ganz gierig ond wild,
s isch furchtbar wia laut
Dui schnaubet ond brüllt,
Ond wia se åsetzt
Zoma riesiga Satz,
Ond wia se sich nåfletzt,

Die zwoet Allmachtskatz!
Se håt donkle Stroefa en ihrm gelblechta Fell –
(Des hoeßt, es isch wohl a Tiger, Leut, gell?)
Jetzt schleicht r sich å ond ziagt doch ogloga
Ganz bhäb om de Leeb rom rotzfrech seine Boga.
Ond jetzt strackts nå, des bluatrenschtig Vieh,
Es isch zom Fürchta – grad em Leeb vis-à-vis …
Ond älle sehn, wia dia Leiber sich ducket;
Ond älle sehn, wia dia Lefzena zucket:
Ond älle sehn, wia se fürchterlich gucket:
Koe Fråg, dass dia sich äll Augablick schlucket!

Und der König winkt wieder,
Da speit das doppelt geöffnete Haus
Zwei Leoparden auf einmal aus,
Die stürzen mit mutiger Kampfbegier
Auf das Tigertier:
Das packt sie mit seinen grimmigen Tatzen,
Und der Leu mit Gebrüll
Richtet sich auf, da wird's still:
Und herum im Kreis,
Von Mordsucht heiß,
Lagern sich greuliche Katzen.

Då! Dr Tiger hebt scho sei Pranka,
Nå sprenget em grad no vors zspät isch en d Anka
Em letzschta Moment aus em Zwenger
Zwoe Leoparda – zwoe scheußliche Denger.

Jetzt send se zu viert ond belauret sich bloß
Ond passet no druff: Wann legt oener los,
Wann fangt oener å mit em Beißa
Ond mit em Ananderverreißa?
Em Hofmarschall grausts vor dem Bluatbad scho so,
Er geng gern, bevor se sich fresset, drvo.
Ganz verdattert denkt r, so Beschtia mög r
Nå doch liaber drhoemda als Bettvorleger.

Da fällt von des Altans Rand
Ein Handschuh von schöner Hand
Zwischen den Tiger und den Leun
Mitten hinein.
Und zu Ritter Delorges, spottender Weis',
Wendet sich Fräulein Kunigund:
»Herr Ritter, ist eure Lieb' so heiß,
Wie ihr mir's schwört zu jeder Stund,
Ei, so hebt mir den Handschuh auf!«

Was isch jetzt au des? Zmål gibts en Hallo,
Weil s flieagt a Heedschich ra vom Balko,
Den hål die Thusnelde, dui komisch Zibeb,
Mittanei gschmissa, grad zwischa Tiger ond Leeb!
Se dreht sich rom zom Kreuzritter Schorsch
Ond secht: »Mit Heiratsåträg bisch jå recht forsch«,
Ond weiter mit ihrer piegsiga Stemm:
»Jetzt verdien dr mål zerschta, dass e de nemm.

Klaub mein Heedschich dort raus zwischa de Katza,
Sonscht lass e glatt d Verlobong no platza!«

Und der Ritter, in schnellem Lauf,
Steigt hinab in den furchtbaren Zwinger
Mit festem Schritte,
Und aus der Ungeheuer Mitte
Nimmt er den Handschuh mit keckem Finger.

Dr Ritter – a Schwåb – schwätzt nix ond gåht nonter,
Lauft nei zwischa dia Bieschter ond wia durch a Wonder
Bleibet dia Monschter mucksmäuslesstill –
Se merket wohl, dass mr von ehne nix will.
Ond sen oefach baff, dass sich des oener traut,
Scheints mit koem bissle Angscht om sei Haut.
Se gucket sich jedafalls friedlich mit å,
Wia dr Schorsch, der overschrockene Må,
Den Heedschich angelt, sich vor em Keenich verbeugt,
Ond nå wieder zu seiner Thusneld nuffsteigt.

Und mit Erstaunen und mit Grauen
Sehen's die Ritter und Edelfrauen,
Und gelassen bringt er den Handschuh zurück.
Da schallt ihm sein Lob aus jedem Munde.
Aber mit zärtlichem Liebesblick –
Er verheißt ihm sein nahes Glück –
Empfängt ihn Fräulein Kunigunde.
Und er wirft ihr den Handschuh ins Gesicht:

»Den Dank, Dame, begehr ich nicht!«
Und verlässt sie zur selben Stunde.

Se flattieret em älle, jetzt isch r ihr Schwarm,
Ond d Thusnelde wischpert: »Nemm me doch en dein Arm!«
Druff er – weil, wenn mrm so kommt, isch r koe Guater:
»Steck drn an Huat, dein Heedschich, domms Luader!
So Späß, des merksch dr, machsch mit mir nicht!
Aus! I mach Schluss!« – ond schmeißt ere dr Heedschich ens Gsicht.

Recht håt r, dr Schorsch, weil uff dia Art
Håt sich der Schlaule gwiß arg viel verspart!

Schwäbisches Echo auf Theodor Storm: »Für meine Söhne«

Hehle nimmer mit der Wahrheit!
Bringt sie Leid, nicht bringt sie Reue;
Doch, weil Wahrheit eine Perle,
Wirf sie auch nicht vor die Säue.

Lüaget net, Buaba! Brengt d' Wåhret O'gmach,
Se reut euch nia, merkets euch fei.
Schmeißet aber so was Koschtbars
Net jedem Hurgler hentadrei.

Blüte edelsten Gemütes
Ist die Rücksicht; doch zu Zeiten
Sind erfrischend wie Gewitter
Goldne Rücksichtslosigkeiten.

A nobler Zug ischs, allerdengs,
Guat zu de Leut sei ond net kantig.
Bloß kås au mål åbråcht sei,
Mr wird drzwischanei mål grantig.

Wackrer heimatlicher Grobheit
Setze deine Stirn entgegen;
Artigen Leutseligkeiten
Gehe schweigend aus den Wegen.

Halt de wacker, wenn mr dr grob kommt,
Schwäbisch-gradraus ond net heuchelt.
Pass aber uff ond sieh de vor,
Wenn dr ebber 's Mulle streichelt.

Wo zum Weib du nicht die Tochter
Wagen würdest zu begehren,
Halte dich zu wert, um gastlich
In dem Hause zu verkehren.

Wo de net trausch om d' Tochter z' fråget,
Weil mr sich besser deucht om Klassa,
A Haus, wo mr den Grattel håt,
Muasch oefach lenks liega lassa.

Was du immer kannst, zu werden,
Arbeit scheue nicht und Wachen;
Aber hüte deine Seele
Vor dem Karrieremachen.

Steig uff, so weit drs geba ischt,
Aber schaff ond lern drfür.
Machs net mit de Ellaboga
Ond komm net durch d'Hentertür.

Wenn der Pöbel aller Sorte
Tanzet um die goldnen Kälber,
Halte fest: du hast vom Leben
Doch am Ende nur dich selber.

Heb mr net ab ond bleib du selber,
Wenn d' Schickeria zoegt: mir hens.
Glaub mr, Bua, zom Schluss kommts raus –
Dia älle moenet bloß, sia sends!

Schwäbisches Echo auf Ludwig Thoma: »Neujahr bei Pastors«

Mama schöpft aus dem Punschgefäße,
Der Vater lüftet das Gesäße
Und spricht: Jetzt sind es vier Minuten
Nur mehr bis zwölfe, meine Guten.

D' Mama hat a Glühweile gmacht
Zur Feier der Silvesternacht.
Sie hats leicht mit Wasser gschtreckt
– (s letzscht Jåhr hen ses au net gschmeckt). –

Dr Vater ståht in Positur,
Guckt himmelwärts ond nå uff d Uhr:
Ihr Lieben, s send no vier Minuten ...
– Dr Glühwei, Mama! Musch dich sputen!

Ich weiß, dass ihr mit mir empfindet,
Wie dieses alte Jahr entschwindet,
Und dass ihr Gott in seinen Werken
– Mama, den Punsch noch was verstärken! –

Im trauten Kreis wir wieder stehen
Ond spüret s alte Jahr vergehen,
In dem dr Herr uns hat bewahrt …
– Mama, du hasch am Wei z'arg gspart! –

Und dass ihr Gott von Herzen danket,
Auch in der Liebe nimmer wanket,
Weil alles, was uns widerfahren
– Mama, nicht mit dem Arrak sparen! –

Weil, was geschah, und was geschehen,
Ob wir es freilich nicht verstehen,
Doch weise war, durch seine Gnade
– Mama, er schmeckt noch immer fade! –

Treulich hasch Du uns wieder gführt
Und uns mit Deim Geischt angrührt.
Mir wandelten en Deiner Gnad …
– Mama, er isch no zemlich fad! –

In diesem Sinne, meine Guten,
Es sind jetzt bloß mehr zwei Minuten,
In diesem gläubig frommen Sinne
– Gieß noch mal Rum in die Terrine! –

Lass onser Liebe wanken nicht,
Dann sehn mir voller Zuversicht
Eins von unsre Jährlein welken ...
– Mama, wie wärs mit a paar Nelken? –

So kommt das neue nun heran,
Mir nehmet es in Demut an,
Was dr liebe Gott bestimmt ...
– Mama, ich glaub doch, 's fehlt au Zimt! –

Wir bitten Gott, dass er uns helfe
Auch ferner – Wie? Es schlägt schon zwölfe?
Dann prosit! Prost an allen Tischen!
– Ich will den Punsch mal selber mischen. –

Horchet! s schlägt zwölfe. Prosit, ihr Lieben,
A Glühwei' isch net übertrieben
Mir tanzet net om goldne Kälber ...
– Ond s nächscht Jahr mach en wieder selber!!! –

Ausfahrt mit Opa

So, jetzt isch gfrühschtückt – jetzt richtet mr s Kendle,
Heut ben e ganz Opa: mir ganget a Stendle.
No neigschnallt en Buggy, ond nå nix wia ab.
Jetzt komm no, mei Schnucki, jetzt gåhts glei em Trab …

Guta Morga, Frau Graser! Goldig ischs, gell?
Ja, erscht acht Monet, aber oglaublich hell.
Nei, s isch a Mädle – des müsst mr doch seha.
Komm Zoe Marlene, tua de mål dreha!
So guat isch se zom han. Lach mål mit der Tante!
Willsch net ? Gell, die ghört net zu de Bekannte.
Se fangt scho å fremdla; wenn se net will, will se net.
Ja, ihren Håårschopf håt se von Åfang å ghet,
Ond au ihre Äugla: So wach ond ganz donkel.
Se gåht nåch em Vadder. Kend, lass des Geschonkel.
Se isch voller Leba, dr ganza Tag tätig.
Mir solltet glaub weiter, sonscht wird se mr grätig.

Ääääääääääääääääää

Butzele, heul net, glei machts hobbel hobbel.
Lass dr s Pulloberle nåzieha, des isch jå oe Bobbel.
So, Schätzle, pass uff, jetzt lega mr los.
Was gfallt dr denn net? Håsch was en dr Hos?

Komm, jetzt sei liab; vielleicht brauchsch dein Schnülle?
Ja dreh de mål rom, i mach gille gille.
Was? An deim Däumle hättsch du lieaber glutscht?
Ach Kend, jetzt isch dr dei Käpple verrutscht.
Ond neipackt hen se de – des isch doch viel z'warm!
Nei, so ischs net gmeint, kannsch net uff dr Arm.
Sitz wieder nonter! Onterwegs kannsch net raus.
Komm Spatz, mir ziaget dr s Kittele aus.

Fendsch denn kei Ruah? Ha, du bisch a Sterche;
Hörsch es, des Vogele? – Das ischt eine Lerche.
Guck, wia die naufsteigt: weit, weit nuff en d Höh,
Horch: Tirili sengt se – gell, die kanns schö?
Die sengt de en Schlåf. I zähl no bis drei.
Ond so muss ze gähna! So, jetzt klappts nå glei.

Äääääääääääääääääää

Ha, so weinen muss ze! Ja, tuat dr was weh?
Dei Bäckle tuasch reiba? Des sen sicher d'Zäh.
D Mama hat a Sälble, die streichts nåchher ei.
Jetzt beiß halt derweil en dei Kommetle nei.
Dia hättet au drådenka könna, onsere Fraua:
A Kend mit acht Monet braucht ebbes zom Kaua.
A Riebele Brot oder a Brezet em Täschle
Wär wichtiger gwä als em Håår des rot Mäschle.
Aber so send se, dia Weibsleut: zerscht kommt dr Putz,
Anstatt dass se fråget: was isch dem Kend nutz.

So, Sieße, ischs besser? Mir send glei am Wald
An onserem Plätzle: Då schlummersch nå bald.
Kåsch wieder en d Bäum nuff de Blättla zuagucka,
Ond dr Opa kå nebaher s Wägele schucka;
Er hockt sich uffs Bänkle, verschnauft für a Weile,
Ond du machsch dei Schläfle, bis s Zeit isch fürs Breile.
Drhoem semmer glei – des gåht nåchher gschwend.
I werd en nå saga: War des a liabs Kend!

Äääääääääääääääääääää

Spätzle, tua schlåfa ond gib halt a Ruah
Ond tua nemma bårza, dir fallet d Äugla scho zua!
Guck, då, dei Schetterle – oder doch liaber s Glöckle?
Was schmeisch denn då naus? Ach guck au: dei Söckle!
Nei bleib no sitza ond krabbel net ruff,
Du kriagschs jå glei wieder, dei Opa hebts uff.
Ja lauft dr denn s Näsle? Hasch en Zug krieagt heut Nacht?
Oder ischs vielleicht s Bäuchle? Hasch kei Kopperle gmacht?

Hick! Des håt ons no gfehlt, so a garschtiger Hecker.
Vom Säftle trenksch nix? Du bisch halt mei Schlecker!
Du musch jå so blenzla! I stell dr dei Schirmle,
Dass d net die prall Sonn kriagsch, du schwitzsch jå, arms
Würmle!
Komm Mäusle, mir ten dr dei Wollmützle ronter.
Du sottesch doch schlåfa ond bisch no putzmonter.

Ääääääääääääääääääääää

Woesch, was e jetzt mach? Hoem tua e de führa.
Ond morga gåht d Oma mit dr spaziera!

Ääääääääääääääääääääää

Sauviech, verreckts!

sssssssssssssssss

I glaub, i hör net recht, jetzt gåht des wieder los!
Grad schlåf e ei – Scheißschnåk, verziag de bloß!
Glaub jå net, i sau dr wieder hentadrei,
Desmål wickle me liaber recht en mei Deckbett nei,
Nå kåsch du ssssssssomsala bis morgafrüah. –
So, jetzt no dr Teppich über d Ohra ziaha,
Ond älles, du Dondersaas, isch sauber zua,
Ond jetzt wird geschlåfa, jetzt isch a Ruah! –

sssssssssssssssss

s isch doch zom Kotza, i han erscht letzscht Nacht
Wega soma Saubiescht kaum a Aug zuagmacht.
Hau ab, i sag drs, sonscht bisch he!
Liacht å! Halb viere! Mit Schlåfa wirds jetzt eh nix meh.
Jetzt steig e dr uffs Dach – dia Nacht isch scho verdorba.
Wo isch mei Zeitong? So, du Mischtschtick, jetzt wird
gstorba!
Drei Stond em Bett, ond scho ischs mit em Gruaba rom.
Då! Då fliagt se, i sags jå: so ein Tromm!

sssssssssssssssss

Wo bisch? Em Vorhang? Wart, i schüttel de scho raus.
Jetzt ben e scho haußa. Jetzt jag e de. Wenn s sei muaß durchs
ganz Haus!

sssssssssssssssss

Aha, då hocksch jå überm Schrank. Drecksviech, i sieh de
guat;
Ond fett isch se, die Beschtie, ganz gschwolla von meim Bluat.
Soll doch de ganz Schnåkabruat uff dr Stell verrecka –
Mi beißts scho überall – rengsrom an älle Ecka.
Då! Huppla am Backa, am Hals, am Gäder – Mann,
oh Mann!
Am graußa Zaiha au – den werd e wieder nausghängt han.

Glaub bloß net, i käm dåhoba net recht nå.
Då håsch de tischa, jetzt kommsch drå.
I mach en Bobbel – aus meiner Onterhos,
Ond schiaß de ra, nå ben e de los!

So, jetzt schmeiß e! Zack! Haha, gell jetzt bisch ronterghakelt.
So schnell kås ganga, siehsch! Jetzt håt sichs ausgeschnakelt.
Bloß nix wia nei! Ond net no nåch der Scheißmuck gaffa!
Då sausch nachts en dr Schlåfstub rom – ond morgafrüah
muasch schaffa.

ssssssssssssssssss

Kreizdeifel aber au! Jetzt lebt dia emmer no!
Paß uff, du Mischtviech, i hau de an Plafo!
Siehsch då mein Schläpper, den schlag e dr uff dr Grend,
jawohl.
Aus dir, då mach e Schnåkagsälz, ond wenn e d Loeter hol!
Ach so, so weit willsch gar net nuff, du elends Lompaziefer.
Noe! Du landesch glei zu meinen Häupten en Stock tiafer
Rotzfrech über dr Bettlad, dass d net so weit håsch, nåchher zum
Fuater,
Wenn d me voll aussaugsch, gfräßigs Luader!

ssssssssssssssss

So, so hocksch mr gschickt, siehsch den Pantoffel då en
meiner Hand?!
Glei bisch bloß no a Bluatblätz an dr Wand.
Oe Schlag, du Aas! Patsch! Haha, da hangsch! A richtig
schöner Flärra!
Jetzt lass de trockna, ond morgafrüah bisch reif zom Ronter-
schärra.

So! Dreiviertel fenfe! Viel isch nemma drå.
Am sechse isch d Nacht rom. I dos grad no a Weile vor me nå …

ssssssssssssssss

Ja bluatige Henneköpf! Dr Deifel hol des Ziefer doch, des kloene!
Des därf net wåhr sei: Nomål oene!

Was e hergib han e nemme

Tipps vom schwäbischen Spar-Experten

Am Sonntich wo a Bsüachle macha –
Nå brauchsch drhoem koe Küachle bacha!

Mr send doch koene Entaklemmer –
Aber nix zom Spenda hemmer!

Lass s Badwasser net nonter bloß,
Mr wäscht dren no sei Onterhos!

Wenn Bsuach kommt, Kend, des muasch schee üaba,
Dr Kuacha onters Büfee schiaba!

Dr Kaffee mit Zigore strecka.
Von mir aus solls die Lore schmecka!

Bei dr Bas, die wohnt drneba,
Ganz Ostera, dass sichs lohnt, verleba!

Mr schmeißt koe Boe vom Ripple naus,
Då kocht mr no a Süpple draus!

Zom Fuffzger von dem Waldi Bay,
Då tuats a Fläschle Aldi-Wei!

Zur Hochzich von der Keymal Fenn:
Des Väsle, wo mr zweimal henn!

Für dem Horschtle seine Täufe
Hemmer no a kleine Seife!

Zur Leich der Klara Heugele
Ein Usambara-Veigele!

Zu der Geburt vom Walter Stulle
Tuats onserm Fritz sei alter Schnulle.

Vernissage der Vernissage

Meine Damen, meine Herren!

Mein Name ist Direktor Fraatz,
Als Vorsitzender des Aufsichtsrats
Unserer Bank darf ich Sie heut in unserem
    Hause
– Hier fehlen Stühle, Fräulein Krause –
Auch im Namen von Herrn Moos
(Renten-, Aktien-, Anlagefonds),
Ebenso dem des Herrn von Zilien
(Sektor Investment / Immobilien)
Und von Herrn Bahr (Segment Devisen)
Zur Vernissage bei uns begrüßen.

Es erfüllt uns, wieder mal,
Mit Freude, dass Sie sich in so großer Zahl,
Ich sehe viele unserer Kunden,
In der Profit-Bank eingefunden,
Um zusammen unseren Maler,
Sprich: August Hermann Mergenthaler
Zu feiern, den König der Naiven,
Über ihn spricht gleich Professor Schlieffen
Von der Kunstakademie.
Kurzum also: Ich heiße Sie

Im Heinrich-Reibach-Saal willkommen.
Ich habe mir strikt vorgenommen,
Und bitte Sie, das zu verstehen –
Es ist ja nicht schwer einzusehen,
Dass ich hier nicht all die präsenten
Damen und Herren Prominenten
Namentlich nenne und mir (dass niemand allzu
schnell ermatte)
Nur wenig Ausnahmen gestatte.

Eine davon möchte ich machen
Bei Herrn Staatsrat Müller-Schachen,
Gradso wie bei Herrn Zasterhammer,
Präsident der Ärztekammer,
Bei Herrn Professor Doktor Rüstig,
Ordinarius der Anglistik,
Herrn Bürgermeister Keuerleber,
Den Abgeordneten Schmitt und Weber,
Herrn Oberamtmann Übelmesser
Und Herrn Schulrat Kreidefresser,
Beim Herrn Amtsvorsteher Rau,
Fabrikant Kies, Maschinenbau,
Herrn Kriminalinspektor Lupe,
Herrn Apotheker Guldengrube,
Bei Pfarrer Fromm, Sankt Nicolai,
Notar / Rechtsanwalt Grünemay,
Endlich, samt Herrn Rektor Hege,
Frau Huldreich von der Altenpflege …

Ganz kurz und knapp hier noch geschwind
Herrschaften, die verhindert sind,
Die aber, wie sie uns erklären,
Nur allzugern zugegen wären:
Herr Landrat Filz ist auf dem Sprung
Nach Garmisch zur Klausurtagung;
Es unterzieht sich Kantor Duhr
Samt Gattin einer Bäderkur;
Und Herr Archivdirektor Staub
Grüßt herzlich aus dem Kurzurlaub;
Herr Diplom-Betriebsrat Meise
Befindet sich auf Vortragsreise;
Schließlich: es hält Finanzberater Bahr
Der CDU ein Seminar.

Um Nachsicht bitt ich – falls vorhanden –
Die in der Eile Ungenannten,
Aber ich musste mich beschränken …
Ach ja, noch dies: bei den Getränken
Bedienen Sie – sofort nach der Laudatio –
Frau Zickig und Frau Haberstroh.
Gleich nebenan reicht dann Frau Schneppchen
Dazu noch Lachs- und Käsehäppchen.

Nun einen schönen Abend allen,
Spaß, Vergnügen, Wohlgefallen!
Merke: Bedarf noch jemand eines Rats –
Mein Name ist Direktor Fraatz!

Funkkolleg »Schwäbisch«: Der Plural

ANSAGE
In unserer Sendereihe »Stunde der Gelehrsamkeit« setzt der Inhaber des Lehrstuhls für Dialektologie an der Universität Häfnerhaslach, Professor Dr. Immanuel Gschwätzdeuter, heute seine Vorlesungsreihe »Linguistik des Schwäbischen« mit einem Kolleg zur schwäbischen Pluralbildung fort.

PROFESSOR
Meine sehr verehrten Damen und Herren,
der Referent sieht sich nach zwei absolvierten Lektionen dieses Kollegs mit scheinbar unauflösbaren Dilemmata konfrontiert. Steht er doch, so möchte es scheinen, vor fundamental divergierenden Optionen. Gebietet einerseits das Prinzip entschiedener Kontinuität im Rahmen des vorgezeichneten Curriculumentwurfs auch mit Rücksicht auf begrenzte temporäre Ressourcen striktes Fortschreiten im thematischen Katalog, so spricht zum andern Gewichtiges für die Festigung und Vertiefung des nur mit ersten knappen Strichen konturierten Fragenkreises der voraufgegangenen Kollegstunde.

Erscheint in ersterer Perspektive die längst angekündigte Analyse eigentümlich schwäbischer Pluralbildung als vordringlich, so warnt uns die andere davor, den gerade erst betretenen Komplex eines spezifisch schwäbischen Wortinventars bzw. der semantischen Differenzen zwischen Hochsprache und Dialekt voreilig zu verlassen, da doch bei Ihnen, den Kollegteilnehmern, allererst eine diffuse Basiskompetenz auf diesem Sektor vorausgesetzt werden kann.

Ich antworte keineswegs resignierend auf diese didaktische Provokation, sondern mit einem möglicherweise epochemachenden Experiment, das ich den »bipolaren Erklärungsansatz« nenne. Ich nähere mich in einem gleichsam synergetischen Verfahren beiden Fragehorizonten zugleich an, indem ich zum einen den Fundus schwäbischer Wort-Spezifika weiter akkumuliere und synchron dazu andererseits dabei begegnende typisch schwäbische Pluralformen zur allfälligen sprachanalytischen Betrachtung isoliere.

Ganz unentbehrlich sind dafür wieder die authentischen artikulatorischen Demonstrationen durch unsere versierte Dialektsprecherin, nämlich Frau … äh …

LYDIA
Sauerbrey!

PROFESSOR
Frau … äh … Sauer-brey.

LYDIA
Lydia! … Lydia Sauerbrey.

PROFESSOR
Frau Lydia Sauerbrey aus …

LYDIA
Kleiglappich, Ecke Berglesweg ond Roßwåger Stråß!

PROFESSOR
… aus Klei-klappich. Zu ihrer Linken hat wieder Platz genommen Herr Eduard Schmotz …

ADALBERT
Schmitz!!

PROFESSOR
Äh Schmitz! Herr Eduard Schmitz, der als Wahlschwabe . .

LYDIA
Reigschmeckter!

PROFESSOR
… als Wahlschwabe niedersächsischer Provenienz seit langem Gastrecht …

LYDIA
Asyl!

PROFESSOR

… Gastrecht in der Region genießt. Infolgedessen ist er – wie ich es zuletzt auszudrücken beliebte – zwar nicht zu aktivem Gebrauch eines genuin schwäbischen Wortschatzes und zu authentischer Artikulation in der Lage, aber zu verlässlicher Dekodierung auditiv-akustisch wahrgenommener Mundart. Die Präsentation des heute vorgestellten Sprachmaterials ist also aufs Neue dialogisch inszeniert: den original-schwäbischen Exempla von Frau Sauerklappich –

LYDIA

Sauerbrey!!

PROFESSOR

Frau Sauerbrey … lässt Herr Schmatz

ADALBERT

Schmitz!!

PROFESSOR

… Schmitz wieder die hochsprachlichen Sequenzen folgen. In adäquatem Kontext werden wiederum urschwäbische Lexeme offeriert und unverzüglich semantisch erschlossen. Das Auditorium wird gebeten, sein erkenntnisleitendes Interesse besonders auch auf die von Frau Sauerbrey gebrauchten dialekteigenen Pluralformen zu fokussieren, die später Gegenstand unseres sprachanalytischen Exkurses sein werden.

Ich bitte Frau Sauerbrey wieder mit einer ersten Serie einschlägiger Paradigmata zu beginnen.

LYDIA
Also, wenn Se Ihr Mordsschäpfle a bissle meh gäga tätet, nå könntet Se Ihrn Semsakrebsler rutz ond butz aussupfa!

ADALBERT
(Übersetzt.)
Sie sollten Ihr enormes Trinkgefäß etwas stärker neigen, dann könnten Sie Ihren herben Wein völlig leertrinken.

LYDIA
Wilhelm, ziag halt meh die gspreckelte Hemmeder å – då drecklet d Kräga net so!

ADALBERT
Wilhelm, trage doch bevorzugt die bunt-karierten Hemden. Ihre Kragen sind weniger schmutzempfindlich.

LYDIA
Wenn e so guat poschtiert wär, wia dui Malla då, nå geng e net so blutt onter d Leut – bloß mit era Zottel am Leible!

ADALBERT
Wenn ich so stark gebaut wäre wie diese dicke Dame, dann hätte ich mich nicht halbnackt unter Menschen begeben – nur mit einer Quaste am Unterhemd!

LYDIA
Då guck, dia Burscht hent zviel Luse: schmeißet äll Täg halbe Bröter en Kutteroemer – narr onser Gicker ond seine Bibberla wäret ällaweil no froh drå!

ADALBERT
Schau, den Heranwachsenden geht es offenbar zu gut: Sie werfen täglich halbe Brote in den Müll. Unserem Hahn und seinen Küken wäre allemal noch damit gedient!

LYDIA
Dia hättet ihr Soß au besser durch en Seiher grudelt, nå müaßt mr net älleweil uff Boener ond Knarfel romgnoppla.

ADALBERT
Hätte man die Tunke doch besser durch ein Sieb gestrichen, dann bisse man nicht ständig auf Knochen und Knorpeln herum.

LYDIA
Wilhelm, triebel mr au mein Köhl durch! Aber mach nåre, sonscht langts mr net uff dr Mittag mit Kocha.

ADALBERT
Wilhelm, kurble mir doch meinen Wirsing durch! Aber beeile dich, sonst verfehle ich die Essenszeit mit der Zubereitung.

PROFESSOR
Meine Damen und Herren,
ich unterbreche nur kurz, um die bereits als sehr günstig evaluierte methodische Variante einzuführen, nämlich die konträre Präsentationsform, bei der Herr Schmitz die hochsprachliche Version vorausschickt und Frau Sauerbrey ins Schwäbische überträgt.

ADALBERT
Dann pflüge ich eben mein karges, stark hügeliges Feld noch einmal um: etwas Futterrüben, Kartoffeln, Erbsen und Gurken sind immer noch zu erwarten.

LYDIA
Nå zackre halt mein Burra mit seine Allmachtsbückel nomål rom: a paar Angerscha ond Krombira ond Brockela ond Gugomer langts ällemål no.

ADALBERT
Ich sollte nicht säumen, einige Körbe Johannisbeeren zu pflücken, sonst dörren sie, eh man sich's versieht, noch auf den Sträuchern aus.

LYDIA
I sott anander nåch no a paar Krätta Träubla zopfa, sonscht verhutzlet se mr oms Nomgucka uff de Sträuch.

ADALBERT
Es ist verflixt, wenn man in Eile ist: gerade dann reißt einem der Schnürsenkel.

LYDIA
s isch no nia nix gwä, wenn s pressiert, grad nå fatzt oem dr Neschtel.

ADALBERT
Sie haben eine stark ausgeprägte Lippenblase. Ich rate, sie aufzustechen.

LYDIA
Ha Sia hent aber a donderschlächtige Blåter uff dr Luppel. Also dia tät i uffstupfa.

ADALBERT
Ei, das wilde Kind wand sich und strampelte so heftig, dass es samt seinen Püppchen vom kleinen Hocker fiel.

LYDIA
Narr, dui Randel håt so lang bårzt ond gstrabelt, bis se mr mitsamt ihre Dockena vom Schemele blotzt isch.

ADALBERT
Der Schlingel hätte mich doch beinahe übertölpelt, und ich hätte mich zum Kauf des Wagens trotz dessen zahlreicher Beulen überreden lassen.

LYDIA
Oms Håår hätt me dr Schlangafanger eizeiselt ond i hätt mr den Karra voller Dallena uffdreha lassa!

PROFESSOR
Meine Damen und Herren,
selbstredend ließen sich mannigfache weitere Belegstücke für einen exklusiven schwäbischen Wortbestand beibringen. Allein unsere Sendezeit erfordert es, uns in Beschränkung zu üben, um den angekündigten Exkurs zum schwäbischen Plural am Ende nicht schuldig zu bleiben.
Der exakten Wahrnehmung des aufmerksamen Beobachters werden vier Erscheinungsformen des Plurals, die außerhalb des schwäbischen Dialektgebiets gänzlich unbekannt sind, nicht entgangen sein.
Ich extrahiere aus den vorgeführten Sentenzen die Plurale Sträuch, Kräga, Hemmeder, Dockena, Dallena exemplarisch für die nunmehr zu betrachtenden Modi schwäbischer Mehrzahlkonstruktion.

1. Die Bildung »Sträuch« steht zunächst für eine häufig angewandte Sparform bei der Beugung zur Mehrzahl hin. Zeigt sie die Hochsprache gleich doppelt an, indem bei »Sträucher« sowohl der Umlaut in Gestalt des Diphthongs *äu* wie die Endungsvariante *er* auftritt, so verweigert sich der Dialekt hier solcher Redundanz kategorisch. Das heißt er beschränkt sich strikt auf die Umlautung, so bei

LYDIA
(Rasselt die Beispiele herunter.)
Stühl, Bänk, Köpf, Füaß, Gäul, Würst, Krüag, Würm, Türm, Kämm, Händ, Wänd, Bäum, Mäus, Särg, Tö, Söh, Stöck …

PROFESSOR
Ich fahre fort! Neigen wir aufs erste dazu, solche typischen Einsparungen der legendären schwäbischen Maulfaulheit zuzurechnen und vermuten, dass gewissermaßen eine stammeseigene Knausrigkeit zum sprachlichen Sektor hin expandiere, so zeigt sich bei profunder Exploration der Phänomene, dass sich eine so leichtfertig formulierte Hypothese letzten Endes nicht verifizieren lässt. Wir registrieren nämlich, dass mit solchen Reduktionen fallweise gerade umgekehrt Anreicherungen kontrastieren. In Rede stehen hier zunächst mundartbedingte Umlautungen, wo die Schriftsprache ihrer entbehrt, wie etwa bei unserem soeben isolierten Beispiel »Kräga« für »die Kragen«. Frau Sauerbrey wartet dazu wohl wieder mit einer ganzen Serie auf:

LYDIA
Ha des will e mocna!
(Spult ab.)
Ärm, Wäga, Böga, Kästa, Häufa, Salät, Schäf, Köffer, Bälka, Bäu, Bückel, Züber, Vikär, Dökter, Mäga …

PROFESSOR

Danke, danke! Die Demonstration sollte keinesfalls zu Lasten der beiden letzten höchst kuriosen urschwäbischen Plural-Modifikationen überdehnt werden, die hier unter allen Umständen noch zur Sprache kommen müssen. In beiden Fällen greift die Mundart zu geradezu exotischen eigenen Endungsvarianten, die beim Nichtschwaben zuweilen Belustigung auslösen.

Repräsentiert sind diese Versionen an erster Stelle durch den Fall »Hemmeder« für »Hemden«, was bei Frau Sauerbrey wohl sofort zu einschlägigen Assoziationen führen wird …

LYDIA

Also »Assozionen« tuat jå a bissle gschwolla! I sag bloß: Bröter, Stoener, Gschmäcker, Gsetzer, Hefter, Better, Boener, Gschenker, Menscher, Feschter, Gschäfter, Grischter, Scheiter, Herzer, Gwichter …

PROFESSOR

Danke sehr, danke! Um auf die zweite bereits avisierte Absonderlichkeit zu kommen – zuvor war sie mit »Dallena« und »Dockena« präsent, also ausgezeichnet durch die kauzige *ena*-Endung …

LYDIA

(Fällt dem Professor ins Wort.)

Ha jå! Stubena, Mischtena, Kettena, Lachena, Lugena, Behnana, Deckana, Kuchana, Hüttana, Täufena, Glufana, Dallana, Dockana …

PROFESSOR

Frau Sauerbrey, danke! Danke! Die Sendezeit für unsere heutige, die dritte Lektion zur »Linguistik des Schwäbischen« läuft mit dieser erschöpfenden und aspektreichen Analyse schwäbischer Pluralbildung unwiderruflich ab. Auch die heutige Folge beschließe ich wieder mit dem Dank für Ihr Interesse und für die unvergleichlichen Darbietungen von Frau Sauerbrey und Herrn Schmitz. Zugleich kündige ich eine Fortsetzung binnen Jahresfrist an – dann aller Voraussicht nach mit einem Kolleg über den »Kasusgebrauch« im Schwäbischen.

Das Engagement

Ein Kleinkünstler hört seinen Anrufbeantworter ab.

Grüß Gott! Då isch d Frau Übele-Knapp, Stuttgart-Rohr.
Ben e recht, send Sia der Enderle – der mit dem Humor?
Mir hättet Sia gern fürs Kaffeekränzle beim Senioramittag
Am Dienstag, das »Fröhliche Alter«, om viere beim Haag,
Wisst Se em »Ochsa«, då trifft sich äll Monet von Rohr dr alt Stamm,
Då möchta mr nåch em Kaffee ällamål no a bissle Programm.
Desmål hemmer an Sia denkt – i ben neemlich d Schwägere vom Eberhard Schaude,
Ond der håt gsagt, Sia machet scheints Gaude ...
Denkt r Ihne no? Mit der Glatze, der Klei –
Der håt Se ghört neulich beim Obstbauverei
Ond håt mr gråta: Am beschta frågsch den! ...
Sia müaßt halt laut schwätza, dass die Alte verstehn,
Was brenget Se älles? Sends luschtige Sacha?
Waret Se scho em Fernseha? Muaß mr au lacha?

So wia bei dr Mäulesmühle? – Dia sen doch famos.
Dr Hannes ond dr Bürgermoeschter – då machsch dr en d Hos!
Då? Då ka i net gnuag drvo kriaga.
Könnet Sia au so domm gucka ond s Gsicht so vrziaga? –

Lang sotts net ganga. Dia Alte, narr, dia werdet oem sonscht
doch glei matt.
A halbs Stündle wär recht. Hauptsach: s isch glatt.

Ach, dass e s net no vrgess: Koschtet Sia was?
Oder machet Ses so? Weil Sia hen jå gradso Ihrn Spaß!
Aber net dass Se druffleget – des wölla mr au net, hano!
Ihrn Kaffee ond Kuacha, den zahla mr scho.
Also: Sia meldet sich bei mr, gell, ond Sia saget net ab.
7 – 4 – 6 – 3 – 0 , Frau Übele-Knapp.

A Bhulf

also eine Hilfe – besonders für Nichtschwaben

aufklauba – aufheben
aushausig – verschwenderisch
bäbbere – plappern, schnattern
baff sei – sprachlos, überrascht sein
bäffzge – keifen, maulen
Bäpp – Klebstoff
bårza – sich unruhig hin und her bewegen; quengelig sein
batscha – schwätzen
Berzel – von Bürzel, Steiß des Geflügels
bhäb – eng; sparsam, geizig
Blätz – Fleck, kleines Stück
Bobbel – Knäuel
botten – geboten
bruddla – herumnörgeln, vor sich hin schimpfen
dappa – treten, unsicher gehen
däumla – blindes Aufschlagen von Bibelstellen nach zufälligem Griff mit dem Daumen
Dergel – Kleinkind
dosa – schlummern; vor sich hin dösen
Dusel – Glück
ebbes – etwas

ehnder – eher
em Daubadicht / Daubadies – in Gedanken; nicht mit Bewusstsein
Flädla – dünne Pfannkuchen
Flärra – Fetzen, Teil eines Ganzen
flattiera – schöntun
Fusel – schlechter Branntwein
Gäder – Adern, Innenseite des Handgelenks
gäga – neigen
gattig – hübsch
Gaude – Spaß
Glotzbebbel – Augen
Glufa – Stecknadel
gotzig – einzig, einmalig
grätig – schlecht gelaunt; mürrisch; leicht reizbar
Grattel – Hochmut, Dünkel
Grend – Kopf
gruaba – ruhen, ausruhen
gruschtla – herumkramen
Gsälz – Marmelade
gschecket – närrisch
gschlacht – fein; angenehm; gut gewachsen
Gschur – Scherereien, Mühe haben
hakla – fallen
Häs – Kleidung
Heedschich – Handschuh
hehlenga – heimlich, unmerklich
Herzer – weibliche Brust, Busen

Huppel – Beule; Geschwulst
Hurgler – Nichtsnutz; Schlamper
Jäscht – Jähzorn
Krombira – Kartoffeln
lommelich – schlapp, schlaff
Luppel – dicke Lippe; aufgeworfenes Maul
Meckel – Kopf
Mehle – Mehlschwitze
nåhakla – hinfallen
nahakla – hinunterfallen
omhakla – umfallen
Paßletå (von frz. passe le temps) – zum Zeitvertreib
patscha – klatschen
Plafo – Zimmerdecke
Potschamber – Nachttopf
prägla – umständlich reden
rahakla – herunterfallen
reihakla –hereinfallen
Säle – dicke Kümmelsalzstange
saua – rennen; eilig laufen
schandmaula – übel nachreden
schärra – kratzen
schiach – hässlich
Schläpper – Hausschuhe; Pantoffeln
schlonzig – schlüpfrig; schmierig
schmeißa – werfen
Sperenzla – Umschweife
Spezel – guter Freund

stät – gemächlich; langsam
Storra – krummer, alter Baum
strabla – zappeln; strampeln
strablig – sperrig; unbiegsam
tratscha – schwatzen; ausplaudern
Tromm – großgewachsene Person; großes Stück
Tüftele – geschickter Tüftler
uff dr Trapper helfa – einen auf die Spur bringen
verbobbera – ungeduldig sein; etwas nicht erwarten können
verklauba – auslesen; erklären
Wärgel – runder, walzenförmiger Körper
Zibeb – wunderliche Weibsperson
Ziefer – Kleingetier; Federvieh
Zirenga – Flieder
zom Possa to – einen Streich spielen
Zussel – schlampiges, zerzaustes Frauenzimmer